すぐ始められる！

ワークシートで

ポジティブ心理学&レジリエンス教育

幸せづくり・折れない心 24の処方箋

菱田 準子／著

はじめに

予測困難な時代と幸福（Well-being）

本書は、子どもたち自らが自分の幸福（Well-being）を選択できる力を育むものです。社会性と情動の学習（SEL：Social and Emotional Learning）のプログラムであり、子どもたちが愛に基づいた思考・感情・行動を選択できるように、ワークシートを使って具体的にレッスンしていきます。学校や地域・家庭で、幸せな人生や社会をつくる主体となる子どもを育てることにお役立ていただけたらと考えています。

RADWIMPS（ラッドウィンプス）は、NHK主催のイベント「18祭」のために「正解」という曲を制作し、一〇〇〇人の一八歳世代と共に一つのステージをつくりあげました。

その歌詞では、「あぁ 答えがある問いばかりを 教わってきたよ そのせいだろうか」と繰り返されます。そして、僕たちが知りたかったのは、「喜びが溢れて止まらない 夜の眠り方 悔しさで滲んだ 心の傷の治し方 傷ついた友の 励まし方」と続きます。

たび重なる自然災害やコロナウイルスの感染拡大。混とんとした社会の中での傷つきが増えています。そんな傷の癒し方を子どもたちは知りたいのです。

本書では、そんな子どもたちに「幸せづくりの処方箋」「折れない心の処方箋」を提供していきます。

“自分を愛すること”とは、他者や社会の評価に振り回されずに自分の内側に意識を向け、心の声を受け止め、その心の声に導かれて生きることです。自分に無償の愛をそそぐ「養育的な親」を、自分の中に育てることです。

そして、これからの持続可能な社会を築くには、自分の“でこ”や“ぼこ”を他者の“でこ”や“ぼこ”と組み合わせて新しい価値をクリエイトし、喜びを実感することが必要です。本来の自分を他者や社会に役立ててもらったり、他者や社会から必要とされたりすることを通して、幸福（Well-being）を高めることができます。自分の“でこ”も“ぼこ”も喜びとして、他者や社会のために活かすような子どもを育てていけたらと思います。

まずは、皆さんが本書を読み、実際にワークシートに取り組みながら自分自身と向き合い、自分の心の声を聴き、あなた自身の幸福（Well-being）とレジリエンスを手に入れてください。

そして、ぜひ周りにいる子どもたちに本書の内容を伝え、一緒にワークシートに取り組んでいきましょう。カラフルなワークシートやテキストがダウンロードできるようになっていますので、ご利用ください（詳しくは奥付ページをご覧ください）。

予測困難な時代を共に生きる仲間として、子どもたちと楽しみながら本書を活用していただければ幸いです。

菱田　準子

すぐ始められる！

ワークシートでポジティブ心理学＆レジリエンス教育

幸せづくり・折れない心 24の処方箋

contents

第2部　折れない心の処方箋

第1部

幸せづくりの処方箋

幸せづくりの処方箋　その１

ポジティブ感情を高める

ポジティブ心理学って？

ポジティブ心理学というと、「ポジティブな考え方とかポジティブな言葉を使って前向きに生きていくって感じ？」と感覚的にとらえている人も多いかもしれません。ポジティブ心理学は、ペンシルベニア大学心理学部教授のマーティン・セリグマン博士が米国心理学会会長であった一九九八年に発議し、創設されたものです。精神疾患が完治したとしても幸せになれない人々の姿に出会い、病理ではなく、人間の潜在能力に焦点をあて「何が生きる価値のある人生を創りあげるのか」に主眼を置いた、科学的研究に基づいた心理学です。

　つまり、マイナスの状態をゼロの状態にするのではなく、プラスをさらにプラスの方向へと促進し、日常的に繁栄する生き方を送るために心理学を活用しようというのです。学習指導要領の理念にある「社会や世界に向き合い関わり合い、自らの人生を切り拓いていくために求められる資質・能力」（教育課程企画特別部会　論点整理「２０３０年の社会と子供たちの未来」より）の実現にポジティブ心理学は有効な手立てになると確信しています。

PERMA《パーマ》モデル

マーティン・セリグマン博士は、持続可能な Well-being の構成要素をそれぞれの頭文字をとって「PERMA モデル」としました（図１参照）。

　この Well-being の構成要素は、「天気」とよく似ています。天気は「気温」「湿度」「風速」「気圧」など測れるものの組み合わせによって構成されますが、天気そのものを測ることはできません。同じように Well-being は、それぞれの構成要素の掛け合わせによって主観的に感じることができるものなのです。多くの研究では、他者とのよりよい関係性がとても重要であると言われています。

幸福度（Well-being）を高める生き方

ポジティブ心理学の中でも「幸福」は

図1　マーティン・セリグマンの「ＰＥＲＭＡ」モデル

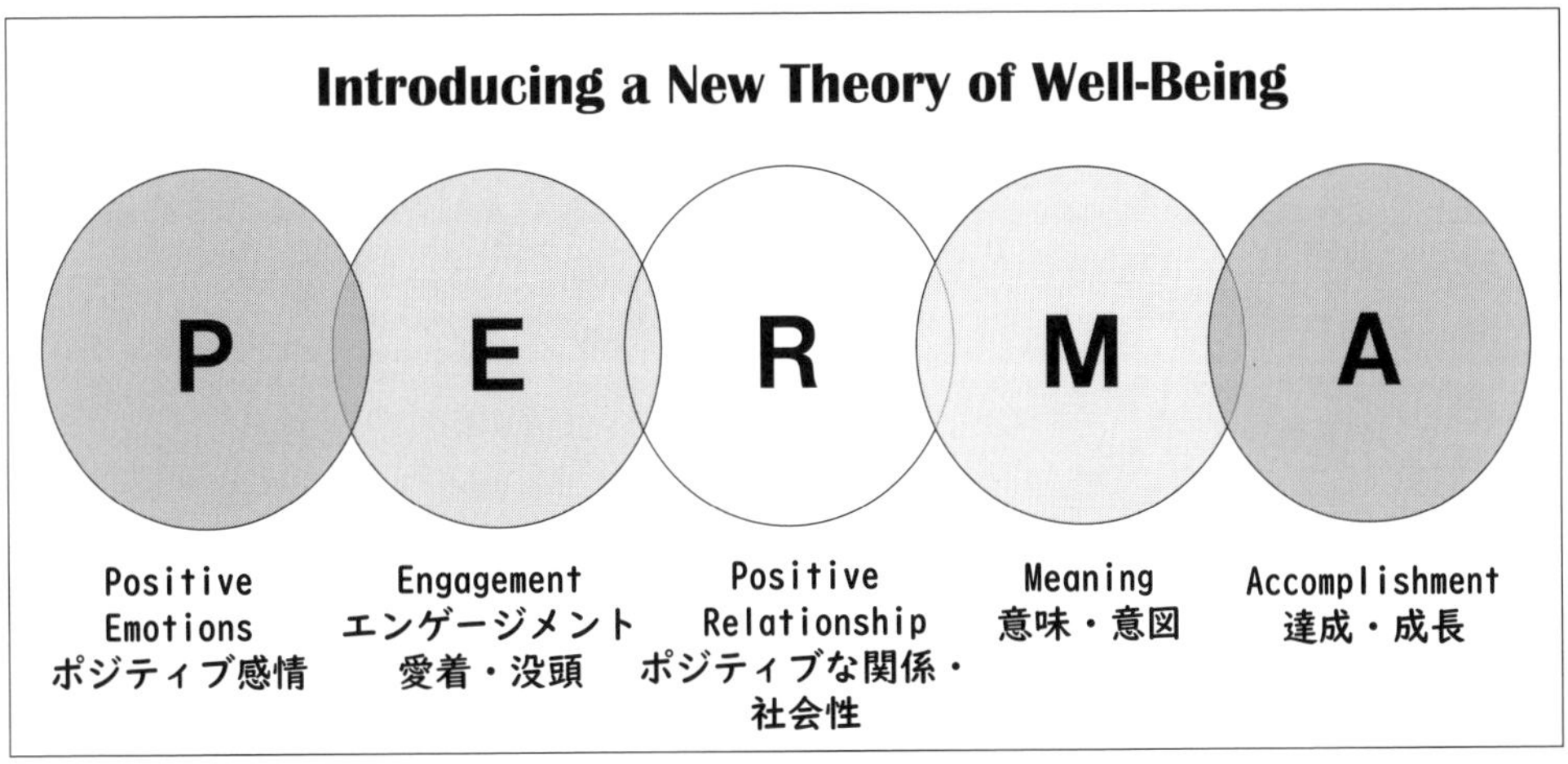

中心的な研究になります。幸福度が高い人は「社交的で友人に恵まれる」「利他的で人助けをする」「結婚相手に恵まれる」「長生きしやすい」「ストレス耐性がある」というメタ分析の結果や、社員の幸福度が企業の発展に影響するという研究結果もあります。教職員の幸福度が学校目標達成に影響することを明らかにしたいところです。

幸福度を測る指標の一つに「人生満足度尺度」があります（図2）。ＮＨＫ・Ｅテレ「白熱教室」で話題となったロバート・ビスワス・ディーナー博士がつくったものです。

一五～七九歳の日本人一五〇〇人に行ったウェブ調査（二〇一一年）の平均は一八・九。教員研修で実施した私の経験では、教員は平均よりもずっと高い数値でした。人と積極的にかかわる、他者に貢献するという教師の仕事が人生の満足度を高めているのでしょう。

幸福度を高めるには、「喜びに満ちた生き方」「充実的な生き方」「有意義な生き方」の三つの生き方があると言われています。ここでは、「喜びに満ちた生き方」を促進する方法の一部を紹介します。

ポジティブ感情を高める

感情は認識しにくいものですが、行動につながる大切なものです。幸せな人の

図2　人生満足度尺度

質問項目	点数
1　ほとんどの面で、私の人生は私の理想に近い。	
2　私の人生は、とてもすばらしい状態だ。	
3　私は自分の人生に満足している。	
4　私はこれまで、自分の人生に求める大切なものを得てきた。	
5　もう一度人生をやりなおせるとしても、ほとんど何も変えないだろう。	

1　まったく当てはまらない
2　ほとんど当てはまらない
3　あまり当てはまらない
4　どちらともいえない
5　少し当てはまる
6　だいたい当てはまる
7　非常によく当てはまる

合計　　　点

2SWLS (Satisfaction with Life Scale), Dieneret al., 1985

横にいるとその幸せが伝染し、ネガティブな感情の人といると幸福度が下がります。

しかし、ネガティブな感情も大切なもので、そのおかげで人は危険から身を守ってきたという側面もあります。ただ、ネガティブ感情は処理が難しく、高血圧、高血糖、ストレスの原因になります。

一方、ポジティブ感情には、長続きしにくいという特徴がありますが、ネガティブ感情を中和させることができるとともに、次のような効用があります。

・心と精神が解放され、自分の考え方やものの見方が広がる
・意欲的にかかわりたいと望む活動のレパートリーが広がる
・将来に役立つリソース（身体的・知的・心理的・社会的）が形成される
・好循環が発生し、継続的な自己変容と成長につながる

まず、ポジティブ感情を高める技法を学ぶために、ポジティブ感情を生み出すワークを紹介します。何回かに分割して実施してもいいものです。

自ら生み出す〝幸せ〟ワーク

1．Three Good Things

【目的】心地よい感覚体験を想起し、ポジティブ感情を高める

【方法】ペアになり、①〜③の質問を活用しながら、「なぜうまくいったのですか」「誰のおかげですか」などと聞き合う。聞き終わったら、それぞれ自分のワークシートに記入。

最後に、今感じている幸せ感の度合いを、右上の小さな♡マークに色を塗って表現する（2．3．も同じ）。

＊朝の学活や終わりの会で、心地よい感覚体験を伝え合う活動は、学級が保有するポジティブ感情を持続させます。

2．感謝の手紙

【目的】感謝の感情を高める

【方法】自分を支えてくれた人の中から、感謝を伝える機会がなかった人を選び、その人に感謝を伝える手紙を書く。ワークシートは下書き用として使い、別に便箋を配り一通の手紙を書く。

＊学年や学校全体で取り組み、相手に渡すところまで行えるとよいでしょう。ただし、渡すことが目的ではなく、感謝の気持ちを育成することがポイント。学校の実態に合わせて取り組みます。

3．思いやり瞑想

【目的】思いやる気持ちを育む

【方法】深い呼吸をした後、自分の存在を脳の中にイメージする。イメージした自分に対して、「幸せでありますように」「すべてのことがうまくいきますように」と唱える。頭に浮かんできた思いやりの言葉があれば、かけるようにする。雑念が出てきたら、すぐに呼吸に意識を向ける。

次に、大切な人の存在を脳の中に招き、同じことを繰り返す。瞑想は一〜二分の短い時間で。

＊心の傷を負っている子どももいるので、深い瞑想にならないほうが安全です。

〈参考文献〉

マーティン・セリグマン（宇野カオリ監訳）『ポジティブ心理学の挑戦』ディスカヴァー・トゥエンティワン、二〇一四年

自ら生み出す“幸せ”ワーク

Happiness Wave

1　Three Good Things

①今日や最近、あなたの身の回りで起こったいいことは何ですか？

②心地よいなあと感じたのは何をしているときでしたか？

③ありがたいなあ、と感謝したときのことを思いだしてください。

2　感謝の手紙

(　　　　　　) さんへ

・どんな親切や感謝したいことを行ってくれたのでしょう。

・その結果、あなたにどんな良い影響があったのでしょうか？

・その人がいなければ、現在の自分はどうなっていたと思いますか？

(　　　　　　　) より　感謝をこめて

3　思いやり瞑想

幸せであり
ますように
すべてのことがうまく
いきますように

浮かび上がってきた映像や対話があれば書き込んできましょう。

名前（　　　　　　　　）

文書ファイル配布
☆詳しくは奥付を！

幸せづくりの処方箋 その2

笑顔を伝搬する

赤ちゃんの笑顔を見ると、途端に自分も笑顔になり、イライラしている人のそばにいると、自分も落ち着かない気持ちになったりしませんか？

これは単なる表情の模倣ではなく、感情そのものの経験です。私たちは感情を個人的なものだと考えがちですが、他者の感情に影響されるということを意識することが大切です。

感情は伝搬する

私はいろいろな学級を見る機会がありますが、その中で忘れられない学級が二つあります。一つは教職経験の浅い先生が受け持つとっても温かい小学校三年生の学級です。子どもたちみんながはじけるような笑顔でした。なによりも担任の先生の笑顔が、子どもたちへの一番のご褒美のようでした。「こんな素敵な先生の笑顔を見たことがありません」と、研究協議会で思わず述べたことを思い出します。

もう一つの学級は、ベテランの先生が受け持つ小学校一年生の学級でした。担任の先生は、一番前の席の子どもが筆箱を触るたびに、かなりの怒りをもって責め立てていました。その光景が何度も繰り返されているのか、他の子どもたちは表情をなくし、微動だにせずに時間が止まっているかのようでした。私には子どもたちがまるで〝はにわ〟のように見え、「一年生なのに笑顔がない！」ということに衝撃を受けました。担任の先生の感情が伝搬し、学級の空気をつくりだすことを強烈にインプットされた出来事でした。

でも、感情というのはその場だけのことではないのです。感情は、どんどん伝搬されていきます。笑顔を伝搬された子どもたちは、その笑顔を家にも運んでいきます。逆に無力感や怒りなどの負の感情も運ばれていくのです。それはすごい伝搬力で、人間には共鳴する性質があることを物語っています。

私たち教員も、子どもたちの感情に影響を受けています。お互いさまと言ってしまえばそれまでです。しかし、私たち教員は、感情が伝搬されていくことをも

通称「はにわ学級」

通称「あったか学級」

っと意識し、よりよく活用したほうがよいと思うのです。

笑顔の力

二〇〇三年、和平交渉をしようとアメリカ軍がイラクのある村を訪れたときのことです。イラクの人たちは「われわれの指導者を捕まえにきた」と勘違いし、一触即発の状況になったそうです。

言葉が通じず緊張した状況の中でアメリカ軍の司令官が出した指示が、

"Everybody Smile!! Everybody Smile!! Everybody Smile!!"

笑顔で接し始めるアメリカ兵たちに、住民は敵意がないことを悟り、みんなが笑顔になったという実話です。

後にこの司令官は、「私は世界の八九か国に行っていますが、言葉の壁があっても笑顔が通じなかったことはありません」と語っています。笑顔は全人類共通なのです。

笑顔の伝搬力が強いのは、絶滅せずに生き残れたホモ・サピエンスの進化の過程における戦略だという説があります。厳しい自然や外敵から命を守るための方策として、みんなで力を合わせる「協調関係」が生まれ、笑顔や笑い声が非言語コミュニケーション手段として発展したのではないかと推測されているのです。

負の感情の伝搬が力を奪う

オーリングテストをご存じでしょうか。利き手とは反対の手でオッケーサインのように親指と人差し指で輪っかをつくり、手のひらが上を向くように構えます。他

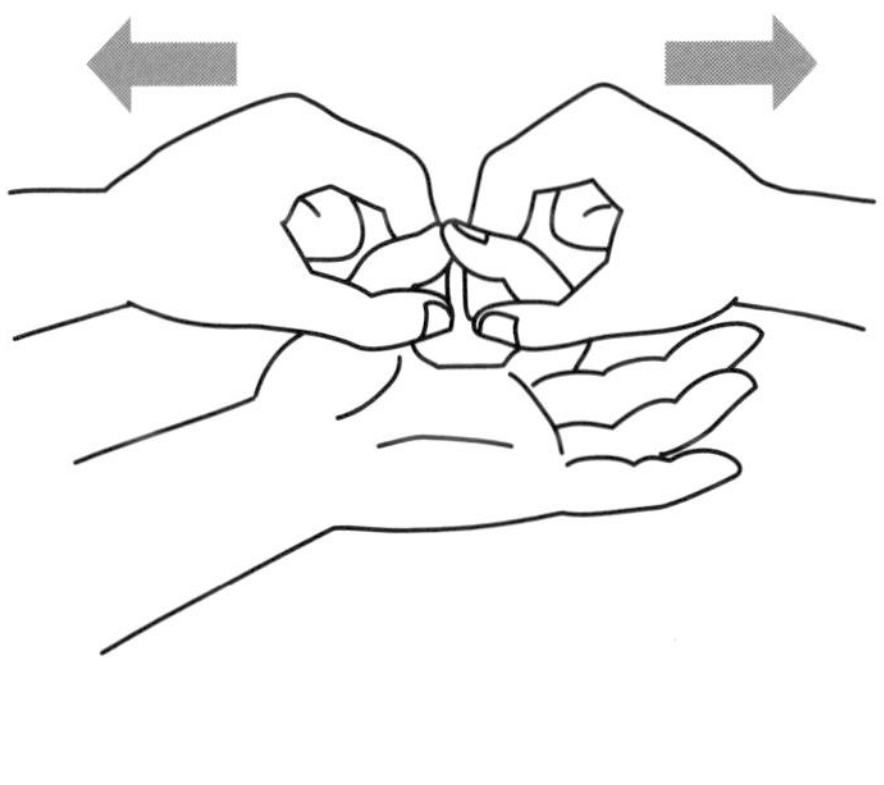
オーリングテスト

者にその輪っかを広げられないように力を入れます。そしてある条件下で輪っかの力の入り方を検証し、その人に役立つ条件を見極めるものです。最近では患部の発見や薬の調合などにこのオーリングテストを使っている医療者がいるほどです。

　私は先生方の研修で、二人組になってオーリングテストをしてもらうことがあります。ホワイトボードに描いた笑顔を見てもらいながら親指と人差し指で輪っかをつくると、そう簡単にははずれません。次に、寂しそうな顔を描いて同じようにしてもらうと、「えっ、なんで?」と、さっきまで開かなかった輪っかがすっと開いていきます。力が入らないのです。

　その後に、「みなさんは、子どもたちの前に、どのような表情をして立っていますか?」と問うようにしています。

　私たち教員が負の感情をもって子どもたちの前に立ち、子どもたちの力を奪うことになっているとしたら、とても残念です。そのことに気づいてもらいたいのです。

ワーク「感情は伝搬する」

1. 伝搬される感情

【目的】人の感情は伝搬されることをつかみ、普段自分がどのような感情を周りの仲間に伝搬しているかに関心を持つ。

【方法】ワークシートの三つの写真を順番に静かに見つめ、それぞれの写真を見た自分の感情が1～5のどれに近いかをチェックする。「いつもの私」の枠には自分の写真を貼る。普段の何気ない自分の写真を見つめながら、どのような感情が伝搬されていくのかを感じとる。

＊左上の写真では、2か4、左下の写真では3か4、右上の写真では1が選ばれると思います。〝はにわ学級〟では先生の怒りに4の表情を子どもたちは示していたのでしょう。

2. 私の最高の笑顔

【目的】自分も他者に笑顔を伝搬する力があることを知る。

【方法】最高の笑顔を撮影し（これまでの写真の中から選んでもよい）、ワークシートに貼る。そして、「〝最高の笑顔の私〟に伝えたいこと」の欄に、その写真を見てどう感じたのか、また、どのような声かけを自分にしてあげたいかを書く。「私を笑顔にしてくれる素敵な笑顔の人を紹介します」コーナーには友達や先生、家族などを記入する（「誰といるとあなたは笑顔になりますか」などと尋ねてみるとよいでしょう）。

＊決して笑顔を強制したり、笑顔ができない子を否定したりしないでください。子どもたちの中には笑顔をつくることが難しい子もいます。不安や脅迫観念を抱く子、恐怖を抱えた子、感情を抑圧した子、大切な人や物を失った子など、自分の感情の処理に苦しむ子どもたちがいます。そういった子どもたちに私たち教員が気づく機会にもしてもらいたいと思います。

〈参考文献〉
イローナ・ボニウェル（成瀬まゆみ監訳）『ポジティブ心理学が1冊でわかる本』国書刊行会、二〇一五年
マーティン・セリグマン（宇野カオリ監訳）『ポジティブ心理学の挑戦』ディスカヴァー・トゥエンティワン、二〇一四年

Happiness Wave

感情は伝搬する

名前（　　　　　　　　　）

1．感情は伝搬する「次の表情のお友達を見たら、あなたはどんな気持ちになっていくかな？」

1　2　3　4　5

1　2　3　4　5

1　2　3　4　5

いつもの私

1　2　3　4　5

2，私の最高の笑顔

1　2　3　4　5

“最高の笑顔の私”に伝えたいこと

私を笑顔にしてくれる
素敵な笑顔の人を紹介します

《笑顔の効用》

笑顔は気分が良いときの結果と考えられがちです。しかし、微笑むという行為そのものが気持ちを上向きにさせることが研究からわかりました。他にも、笑顔でいるとストレスを軽減したり、他者に好感を与え親切に見えたり、能力がある人に見えたりするという研究結果もあります。

健康で幸せな人生を送りたいと思うなら、“最高の笑顔”に挑戦しましょう。

幸せづくりの処方箋 その3

心が変われば人生が変わる

朝、掃除をしているときのことでした。「パキッ！」と、亡き父が気に入っていた木彫りの七福神の羽衣を折ってしまいました。折れたパーツを拾おうとしたら、父の写真が倒れてガラスが割れてしまいました。……「うーん、ついている、ついている」。引き出しにしまってあった別の父の写真と交換。「こっちの写真に替えてもらいたかったの？」と、結果に満足している自分がいました。

ポジティブ心理学を学んで、私は確実にポジティブ感情を増やすことに成功しているようです。実にありがたいことです。

でも、私たちの感情は他者との関係に大きく影響されます。自分自身が引き起こしたことなら対処ができても、他者が入り込むと、そうは簡単にいきません。

人生をつくるEQ

ＩＱ（Intelligence Quotient）に対してＥＱ（Emotional Intelligence Quotient）という言葉があるのをご存知の方も多いと思います。「感情を管理し、利用する能力」と言われています。ダニエル・ゴールマンが『ＥＱ—こころの知能指数』（土屋京子訳、講談社、一九九六年発行）という著書を出版し、世に広めた言葉です。

この本は、実際にはジョン・メイヤーとピーター・サロベイの研究がもとになっています。彼らは心理学の立場から、ビジネス社会における成功の要因を探りました。当時は「ＩＱが高く一流大学を卒業した人が成功する」と考えられていましたが、調査結果では「一流大学をトップの成績で卒業した人たちのほうが、むしろ社会に出た後にあまりうまくいっていない場合が多い」というものでした。両博士はこのことに驚き、改めて「社会人として成功している人たちに共通している能力は何か」を調査したのです。そこで明らかになったのがＥＱでした。「人間関係能力の高い人が社会で成功している」ということでした。

仮にずば抜けた能力や才能の持ち主でなくても、その人が周囲から好かれている存在であれば、優秀な人材が集まり必要な情報をもってきてくれます。そして、その人たちの助けを得てチームとして高い成果をあげることができます。「皆さまのおかげです」と言う成功者が多いのも納得です。

私たちも「チーム学校」という名のもとに、他の専門機関や専門職の方と子どもたちを支援していくことが求められています。効果をあげるには私たちの人間関係能力が問われるところです。

さらに、学習指導要領では、「どのように社会・世界とかかわり、よりよい人生を送るか」が柱の一つとなっています。自己の感情や行動を抑制する能力、協同する力、リーダーシップやチームワーク、感性、やさしさや思いやりなどが育成すべき資質・能力としてあげられています。まさにEQが問われる時代です。

EQの四つの能力

EQは、次の四つの個別能力を順序よく、あるいは適切に機能させることで、総合能力として発揮されるものです。

①感情の識別　相手の感情を理解し、自分に生まれた感情も正確に理解する能力。

②感情の利用　理解した感情から、問題解決のための思考プロセスや行動を導き出す能力。

③感情の理解　解決プロセスによって他者や自分の感情がどのように変化するかをシミュレーションする能力。

④感情の調整　相手と自分が望む結果が得られるように自分の感情を思慮深く調整し、行動につなげる能力。

例えば次のような場面について考えてみましょう。

【修学旅行の班決め】

五人の女子は仲が良く、休み時間はいつも一緒です。修学旅行の班は六人グループにならないといけません。A子が「二つのグループに分かれよう」と提案しました。すると、B子は「どうでもいいよ」と投げやりな態度です。A子は困惑して「どうしたの？」と尋ねても、B子からは「別に」としか返ってきません。他の子も心配な面持ちで成り行きを見守っています。A子は腹立たしい気持ちになってきました。いっそ、「なに、その態度！　気に入らないなら言えば！」と言ってしまおうかと思いましたが、「でも、ここで切れたらますますB子との関係が悪くなって修学旅行も楽しめそうにない……」と思いました。

ここで、A子のEQが発揮されるプロセスをたどってみましょう。

①感情の識別　「B子は明らかに気分を害している。怒っているようだ。私はB子の投げやりな態度に苛立ち、腹が立ってきた」

②感情の利用　「B子はなぜ怒ったのか。B子に相談なしに突然提案したことが気に入らなかったのかも。とにかく気分を害したのは私が原因のようだ」

③感情の理解　「でも、突然の提案にしても、二つに分かれることに何かまずいことがあったのだろうか。もしかしたらB子は、誰と一緒になるか不安だっ

たのかも。もしくは、私が別の班になって他の子と仲良くすることをよく思わないのかも。ここで私が逆ぎれしたら、B子との関係はこじれるし、修学旅行も楽しくないし、他のメンバーも困るだろう。B子もそんなことは望んでいないはず」

④感情の調整「このままだと雰囲気は悪いまま。私がB子だけに謝ったらB子も素直になれないだろうし……。そうだ、明るく違う提案をしてみよう」

A子は、「ごめん、ごめん。そんなこともありかなって思ってさ。みんなはどう思う? 誰か一人、私たちのグループに入れちゃう?」とニッコリしてその場の緊張を和らげました。

このように、私たちは瞬時にその四つの能力を働かせて、他者と良好な関係を保ったり築いたりしているのです。この四つの能力のどこかがうまく機能できていないと、EQは発揮できません。

♡ワーク「心が変われば人生が変わる」

1. 心が変わるとどうなるの?

【目的】心は人生をつくる力があることをつかむ。

【方法】A~Cの（　）に入る言葉を、語群から選んで完成させる。

心が変われば態度が変わる。
態度が変われば行動が変わる。
行動が変われば習慣が変わる。
習慣が変われば人格が変わる。
人格が変われば運命が変わる。
運命が変われば人生が変わる。

*これは、ヒンズー教の教えにある言葉だそうですが、多くの著名人の名言としても知られています。心が変わると運命や人生までも変わっていくのです。いくらコミュニケーションのスキルを身につけても、人は感情によって思考や行動が変化します。だから、心はとても大切なものであることを伝えるためにつくられたのでしょう。なので、自他への無償の愛をもって、心を上手に管理し、利用することが他者との信頼関係や絆をつくりだし、人生を変えていくのです。

2. 心が変われば人生が変わる

【目的】ステップ1~4を知り、心をうまく管理し、利用する方法を学ぶ。

【方法】まず、例をもとに、ステップ1~4を説明する。各自が、他者との関係で心が乱された出来事を思い出し、ステップ1~4に実際に体験したことと、挑戦したとしたらどうなっていたかを考え、整理する。

*EQの四つの能力をわかりやすくするためにステップ1~4として提示しています。

*他者とさらに良い関係を望んだり、ポジティブ感情を増やしたりするには、どのステップを高める必要があるかに気づくように働きかけましょう。

〈参考文献〉
高山直『EQ入門―対人能力の磨き方』日本経済新聞出版社、二〇〇九年

心が変われば人生が変わる

Happiness Wave

名前（　　　　　　）

心　が変われば 態度 が変わる。 態度 が変われば（A）が変わる。 （A）が変われば（B）が変わる。 （B）が変われば（C）が変わる。 （C）が変われば 運命 が変わる。 運命 が変われば 人生 が変わる。

1．心が変わるとどうなるの？

A～Eに入る語句を語群より選び（　　　）に書き入れましょう。

A（　　　）　B（　　　）　C（　　　）

【語群】習慣　人格　行動

2．心が変われば人生が変わる

例）場面：修学旅行の班決めをめぐって　　　誰と：友達

５人の女子は仲が良く休み時間はいつも一緒。修学旅行の班は６人グループにならないといけない。A子が２つのグループに分かれようと提案すると、B子は「どうでもいいよ」と投げやりな態度だった。

	【ステップ1】感情に気づく	【ステップ2】その感情になった理由を考える	【ステップ3】その理由をさらに考え、対応策をイメージする	【ステップ4】どう行動するか決める	結果
体験したこと	B子は怒っている……。	ちょっとしたことでB子は機嫌が悪くなる。	……	「その態度にむかつく！」とB子に言う。	
4つのステップに挑戦	B子は怒っている。私は腹が立ってきた。	相談なしに決めたからB子は怒っているかも。私はB子の投げやりな態度に腹が立っている。	B子を怒らせたのは私。B子は相談してほしかったのかも。B子は私を大事な存在だと思っている。私が怒ってしまったらB子と関係が切れる。	B子との関係をこわしたくない。「ごめんね。B子はどうしたい？」と言う。	

場面：　　　　　　　　　　　　　　誰と：

	【ステップ1】感情に気づく	【ステップ2】その感情になった理由を考える	【ステップ3】その理由をさらに考え、対応策をイメージする	【ステップ4】どう行動するか決める	結果
体験したこと					
4つのステップに挑戦					

感情はあなたにいろんなことを教えてくれています。その感情が教えてくれていることをうまく使って、他者と良い関係を築いていけるように活用しましょう。他者との良いつながりは、あなたを幸せにしてくれるはずです。

幸せづくりの処方箋 その4

ネガティブ感情の効用

ネガティブ感情の大切さ

ロバート・ビスワス＝ディーナー博士は、『ネガティブな感情が成功を呼ぶ』（共著）の中で、ポジティブ感情を八〇％、ネガティブ感情を二〇％くらいにすれば、より豊かな人生を歩める、と述べています。他にもポジティブ感情がネガティブ感情を少し上回っているくらいでも、豊かな人生を送ることができるという研究者もいます。ネガティブな感情は、人生に関する知識を増やし成熟を促す働きをするからです。

人間に与えられた自然感情をすべて活かせる人、つまりポジティブ感情もネガティブ感情も受け入れて幅広く活用できる人がもっとも健全であり、人生において成功する可能性が高いのです。

私たちは、子どもたちにポジティブに生きることを求めるあまり、子どもたちが結果として、ネガティブな感情を押し殺したり、粗末に扱ったりすることがないように気をつけなければなりません。

すべての感情が大切

みなさんはディズニー／ピクサーのアニメ映画「インサイド・ヘッド」をご覧になられましたか。

主人公の一一歳の少女ライリーは、ある日、住み慣れた大好きなミネソタを離れ、友達もいない見知らぬサンフランシスコで暮らすことになります。心が不安定になった彼女の頭の中の〝司令部〟では五つの感情（「ヨロコビ」「ビビリ」「カナシミ」「イカリ」「ムカムカ」）たちが思わぬ大事件を引き起こします。ライリーが転校先の教室で自己紹介をしているときに、「カナシミ」がミネソタで楽しかった〝思い出ボール〟に触ってしまい、とても楽しかった思い出が瞬時に悲しい思い出に代わってしまうのです。「ヨロコビ」と「カナシミ」がライリーの感情を決める〝司令部〟から突然放り出されてしまうと、ライリーは自分の悲しみや喜びを封印するかのように「イカリ」「ムカムカ」「ビビリ」を出現させます。「ヨロコビ」と「カナシミ」が〝司令部〟に戻るまでの旅で、「ヨロコビ」は「カナシミ」が誰かにそっと寄り添って話を聞いたり一緒に悲しんだりして、癒しと絆をつくる力があることを知ります。ネガティブな感情にポジティブな側面があることに気づくのです。

「ヨロコビ」は「カナシミ」を助けながら〝司令部〟に戻ると、ライリーは両親に「転校する前の家に戻りたい」と正直な気持ちを伝えます。両親にその感情を受け止めてもらえたことで、ライリーは本来の元気な心を取り戻すことができたのです。すべての感情が大切であることを見事に描いた作品でした。

ネガティブな感情の大切な理由について、イローナ・ボニウェル博士は、次のように述べています。

・私たちを心の奥底にいざない、本当の自分と対話させてくれる。
・基本的な性格を変えるきっかけとなる。
・私たち自身について理解を深め、世界をよりよく認識させてくれる。
・ネガティブ感情に対処することで、社会生活において好ましい結果をもたらすことがある。

逆境体験の後のポジティブな成長

ネガティブな感情を伴う逆境体験は心に傷を残し、感情をゆさぶり、心臓の負担となり健康を害するというのが常識でした。しかし、そのつらい出来事から成長を遂げる方向に変化するＰＴＧ（心的外傷後成長）がみられることがわかってきました。

このＰＴＧの鍵となる「絆」の存在が東日本大震災において注目され、世界の人々に感動をもたらしました。

【ＰＴＧ：五つの成長】（Tedeschi & Calhoun, 2004）

①他者との関係：より深く、意味のある人間関係を体験する
②精神的変容：存在や霊性への意識が高まる
③人生に対する感謝：生に対しての感謝の念が増える
④新たな可能性：人生や仕事への優先順位が変わる
⑤人間としての強さ：自己の強さの認識が増す

ネガティブな感情の活かし方

ネガティブな感情には、「コントロールが難しい」「何度も繰り返し持続する」「健康リスク（高血圧やストレス等）がある」という問題があります。例えば「怒り」や「怖れ」に直面すると攻撃や逃避という行動をとります（人類が生存できた所以がこの感情にあると言われています）。「悲しみ」は孤立や内向きとなり、「恥」は自分を隠すことへと駆り立てます。

ポジティブ心理学では、ネガティブな感情への対処法を六つに分類しています（図参照）。

「回避」「発散」「抑制」という対処法を選択する人は、健康や人間関係に大きなリスクを背負います。

一方「再評価」「共有」という対処法は、ネガティブな感情としっかり向き合い、その感情の意味や背景を考え、再評価したことを成長に活かすことができます。アニメ「インサイド・ヘッド」の「カナシミ」がライリーに寄り添ったように、そのネガティブな感情をしっかりと受け

止めて受容される体験が心身の健康に大きく役立ちます。

「中和・相殺」は、ポジティブな体験を増やすことでネガティブな感情を減らしていくというイメージです。楽しいこととつらいことは同時に共存できないからです。ピア・サポートを実践されている先生方は、「傷ついた心を癒すのは仲間の力だ」と実感されていることと思います。不登校の子どもが、友達ができたことで元気に学校に通えるようになることも珍しいことではありません。こうしたことも「中和・相殺」と言えるでしょう。

子どもたちにこうした「再評価」や「共有」する力を養い、「中和・相殺」する人間関係を育成することが、学校教育に必要ではないでしょうか。

ネガティブな感情への対処法

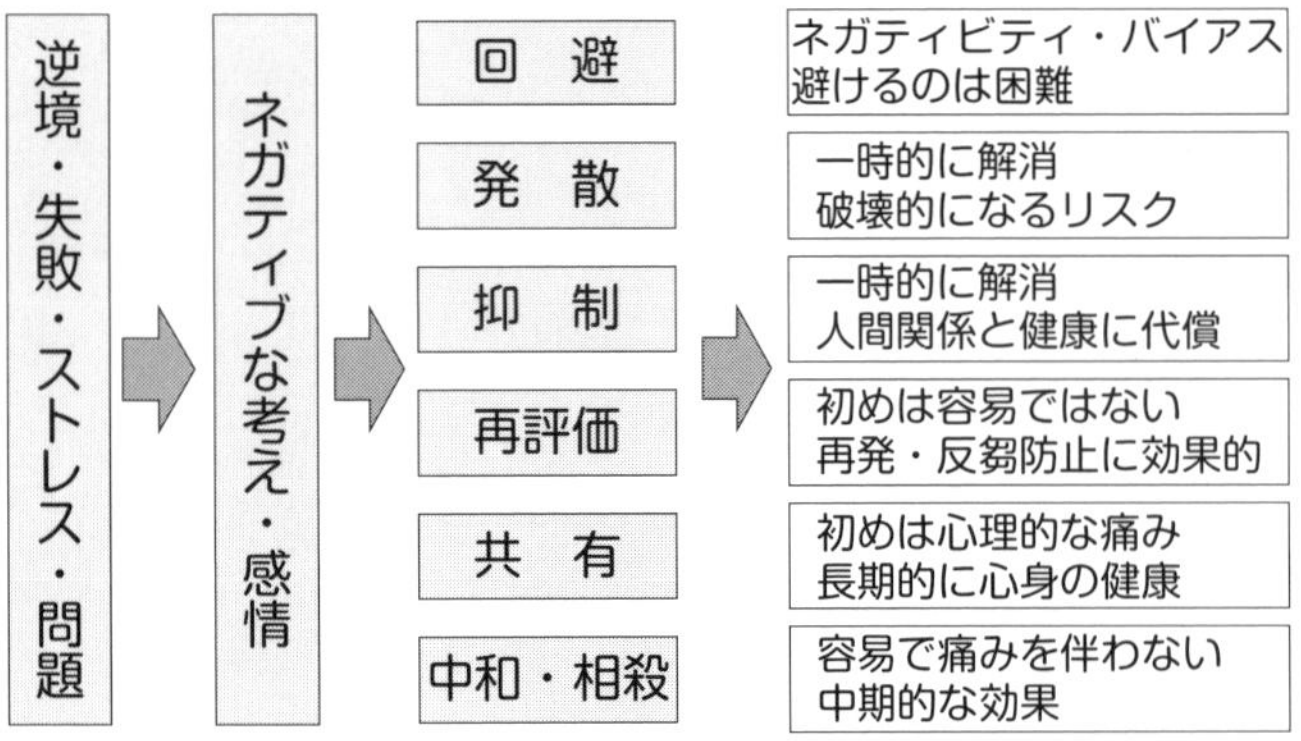

ワーク「ネガティブ感情をハグしよう」

このワークは繊細な内容を扱うので取り扱いには配慮が必要ですが、ネガティブ感情を抱いた自分自身を思いやり、許し、本当に自分が望んでいることに子どもたちが気づくことを促すものです。指導者はサポートの必要な子どもたちの存在に気づき、子ども理解を深め、無償の愛でハグする存在になって、支援する機会にしてください。

1．ネガティブ感情を書き出そう

【方法】ネガティブ感情は誰もが持っていることを伝え、心から離れないネガティブ感情を書き出すように促す。

2．その感情の痛みはどれくらい？

【方法】スケールを使って、自分の痛みの度合いを表すイラストに色を塗るように促し、痛みの強さを自分自身で客観視できるようにする。

3．その感情を抱きしめよう

【方法】例を参考に文章を作成し、自分のネガティブ感情を受容（共有）する。

4．受け止めてもらった感謝の気持ち

【方法】感謝の気持ちを伝え、再度、自分は何を望んでいるのか、本当の気持ちに気づくようにする（再評価）。

〈参考文献〉

イローナ・ボニウェル（成瀬まゆみ監修）『ポジティブ心理学が1冊でわかる本』国書刊行会、二〇一五年

トッド・カシュダン、ロバート・ビスワス＝ディーナー（高橋由紀子訳）『ネガティブな感情が成功を呼ぶ』草思社 二〇一五年

Tedeschi, R.G. & Calhoun, L.G. "A Clinical Approach to Posttraumatic Growth," in *Positive Psychology in Practice*. Linley, P.A. & Joseph,S.eds., John Wiley & Sons Inc., 2004, p.405-419

ネガティブ感情をハグしよう

Happiness Wave

名前（　　　　　　　　）

誰かをうらやましく思ったり、誰かにイライラしたり腹が立ったりしたことはありませんか？　自分は誰からも大切にされていないと悲しくなったり、何をしてもだめだと落ち込んだりすることはありませんか？　これらの感情を大切にしないと、あなた自身の心や体を傷つけることになります。これらの感情をあなた自身が、大切に受け止めてあげましょう。あなたの一番の親友に、あなたがなってください。

1．あなたが感じているネガティブな感情を書き出してみましょう。

個人名を出さなくてもＯＫですよ

どんなときに、誰に対してどんな気持ちを感じますか？

2．その感情の痛みはどれぐらいですか？　あてはまる痛みを好きな色で塗りましょう。

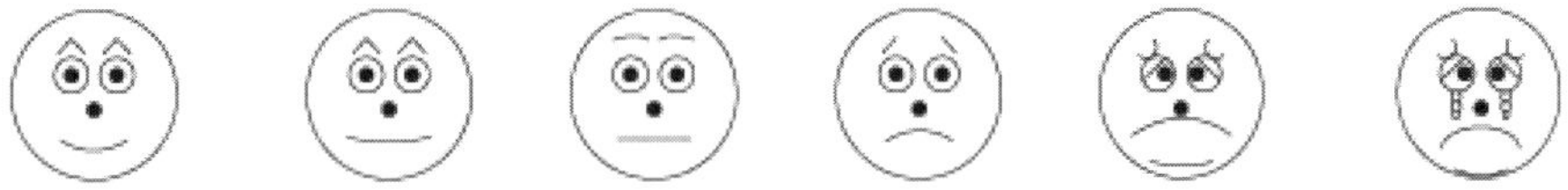

0	1	2	3	4	5
痛みがまったくないからとても幸せな顔をしている	ほんの少し痛い	もう少し痛い	もっと痛い	強い痛み	これ以上の痛みは考えられないほど痛い

3．その感情をもう一人の自分が抱きしめて、思いやりをもって受け止めてあげましょう。

例）○○という感情が生まれているんだね。いいよ、しばらくそこにいても。
▽▽なときに、そんなことがあれば、○○という気持ちが出てくるんだね。わかるよ。

4．受け止めてもらった感謝の気持ちを伝えてみましょう。
そして、あなたが本当に望んでいることを伝えましょう。

あなたの本当の気持ちを大事にしてね

わかるよ。
大丈夫だよ。

文書ファイル配布
☆詳しくは奥付を！

幸せづくりの処方箋　その5

楽観主義と悲観主義

この原稿を書こうとふとBGM代わりのテレビに目をやると「イエスマン〝YES〟は人生のパスワード」という映画が流れていました。その映画にぐいぐい引き込まれ、原稿が後回しに。

この映画はロンドン在住の作家ダニー・ウォレスの実話をもとに二〇〇八年にアメリカで製作されたコメディ映画です。ジム・キャリーが演ずる主人公のカールは三年前に離婚して毎日が〝NO〟の連続。仕事や友達の誘いにも背を向けて毎日ネガティブな日々を送ります。昇進の機会も逃し、友情も壊れかけていきます。

そんな彼を心配して、旧友が強引に自己啓発セミナーに連れていきます。カールは、大勢のセミナーの参加者の前で、今後は何があっても〝YES〟と答えると誓いを立てさせられてしまいます。セミナー会場を後にした瞬間から、しぶしぶの〝YES〟がスタート。おもしろい出会いや体験が繰り広げられ、人生が次第に好転。そして、素敵な女性との恋愛が始まります。

しかし、一緒に住もうという彼女の提案に〝YES〟とカールが言ったのは、自己啓発セミナーの影響であることを知り、彼女は深く傷つきます。

別れを告げられたカールは、セミナーの主宰に〝YES〟の誓いを撤回することをお願いに行きます。主宰は〝YES〟の言葉の本当の意味を教え、カールは自分の心に嘘をつかずに生きる〝YES〟の大切さに気づきます。

無機質な生活が色鮮やかなワクワクする日常へと描かれていくのを見るにつけ、幸福になるためには、積極的に人とかかわり、他者の願いと自分自身の願いを叶える生き方が大切なのだと実感します。そして、この「楽観主義と悲観主義」の原稿につながっていきました。

楽観主義と悲観主義

目標の達成や未来の出来事に対してどの程度の期待を持つかによって、私たちは楽観主義と悲観主義に分類されます。次ページの表に示したように、楽観主義者の説明スタイルでは、よい出来事に対し、内的、永続的、普遍的な説明を与え、

楽観的な説明スタイルと悲観的な説明スタイル

出来事	楽観主義者の発言	悲観主義者の発言
よい出来事 例）検定試験に合格する	【内的】 私はすごいことをやり遂げた。 【永続的】 私には力がある。 【普遍的】 ほかの検定試験も突破できるに違いない。	【外的】 どうして合格できたのかわからない。運がよかっただけだろう。 【一時的】 誰だって一度くらい、よいことはあるさ。 【限定的】 だから何だと言うんだ。次は落ちるかもしれないし。
悪い出来事 例）検定試験に不合格になる	【外的】 試験の問題が悪かったんだ。 【一時的】 今回はたまたま。自分らしくなかった。次回は合格する。 【限定的】 昨日は体調が悪かったからな。	【内的】 自分が悪いんだ。私の準備が足りなかった。 【永続的】 これからもこの検定試験には合格できないんだ。 【普遍的】 夢は終わった。なりたい自分になんてなれない。

悪い出来事には外的（自分自身の自尊心を保てるように）、一時的、限定的（状況に起因するといった）パターンの説明を行います。一方、悲観主義者は、よい出来事について、外的、一時的、限定的な説明をし、悪い出来事には逆パターンの説明を行います。

　ポジティブ心理学では、楽観主義的な視点を持つことの利点が、多くの研究によって明らかになっています。例えば、

・楽観主義者は、人生において困難に面したとき、悲観主義者ほど苦痛を感じない。彼らが感じる不安感や抑うつ感は大幅に少ない。

・楽観主義は、問題に焦点を当てた対処、ユーモア、計画の立案、ポジティブな再解釈（よくない状況を可能な限りよい条件でとらえ直すこと）に役立つ。

・楽観主義者は悪い状況を否認しない傾向にある。一方、問題から距離を置こうとしがちな悲観主義者は圧倒的に最悪の事態を予測する傾向が強く、その結果としてあきらめが早い傾向がある。

　他にも、アメリカの大統領候補の発言を分析し、悲観的な発言をする候補よりも、楽観的発言をする候補たちが選ばれるというユニークな研究もあります。オバマ元大統領の“Change! Yes We Can”やキング牧師の“I have a dream”を思い出します。

　しかし、時に悲観主義は私たちの生命を守ってくれることに役立ちます。例えば、楽観主義はよりリスクの高い行動にかかわりやすく、危機に対して心の準備ができていません。注目すべきことに、悲観主義者の中には、高い不安を動機づけとして一生懸命に努力し、高いパフォーマンスを維持している人がいます。アメリカの心理学者のレムはこうした人たちを「防衛的悲観主義者」と呼びました。悪い事態を予測して、期待を低く持った

ときのほうが、よりよい結果を出せる人たちです。

日本人はこの「防衛的悲観主義者」が多いとも言われています。私もその一人です。バスケット部のキャプテンだった私は、人一倍努力して自分の実力のなさからくる不安を打ち消してきました。この戦略は、今もいろんな場面で活かされています。

幸福研究のディィナー博士は、「楽観的になりすぎることは、個人にとって好ましくない可能性がある。人々は楽観性と悲観性をあわせもったほうがうまくいくのかもしれない」と述べていました。

ワーク「自分を超える "Yes" We can break through」

1. 希望に関する質問

【方法】リード文を読み、質問ごとに1〜4の当てはまる数字を記入。問1〜4の合計点（解決方法を考えつく力）と5〜8の合計点（前へ進む力）を右の四角に記入する。両方の合計点（8〜32）は「どれほど希望に満ちているか」を示している。子どもたちが自分の希望を支える力を可視化できるようになっている。

2. 自分を超えよう

私たちは、①自分の欲するものがわかり、②そこへたどり着くためのさまざまな方法を考えつき、③実際に行動を起こし歩み続ける、そのときに希望を抱きます。このワークは普段の困り事に対する自分の考え方や態度を観察し、悲観的な説明スタイルには自分で反論し、一歩踏み出す力を育むものです。

(1) あなたが困っていること

【方法】今困っていることや気になっていること、対人関係や学業、生活面などでストレスとなる状況を書き出すように促す。

(2) 何を望んでいるのか？

【方法】困っている状況は、自分の願望が満たされていないために起こっている。自分のどのような願望や欲求が満たされていないのかをじっくり考え気づき、書き出す。

(3) 困った状況への説明スタイル

【方法】表「楽観的な説明スタイルと悲観的な説明スタイル」を参考に、困った状況を心の中でどのように自分に説明しているか洞察する。

(4) 説明スタイルへの反論

【方法】親しい友達だったら、(3)の自分の説明にどう反応するかを考える。特に、悲観的な説明に対しては、「証拠はあるの？」「別の考え方はできないの？」「自分の考えが本当だったとして、それはどんな意味を持つと思う？」「その考え方は有効ですか？」などと反論する。この反論する力が、楽観主義を学ぶポイント。楽観的な反応であれば、「いい考えだね」等と勇気づける。

(5) 一歩踏み出すための説明

【方法】反論や勇気づけをもらって、前に一歩踏み出すための心の中での説明をつくり出す。最後に、自分への応援メッセージを付け加える。

〈参考文献〉
イローナ・ボニウェル（成瀬まゆみ監訳）『ポジティブ心理学が1冊でわかる本』国書刊行会、二〇一五年
マーティン・セリグマン（山村宜子訳）『オプティミストはなぜ成功するか』講談社、二〇一三年

自分を超える

"Yes" We can break through

Happiness Wave

名前（　　　　　　　　）

1．次の質問に当てはまる数字を記入してください。困難な状況の中で解決方法を考えつく力や前へ進む力はどれくらいあるのでしょう。

1：まったく当てはまらない　2：ほとんど当てはまらない　3：ほとんど当てはまる　4：完全に当てはまる

1	苦しい状況から抜け出す方法をいくつも考えることができる	
2	問題を回避する方法をたくさん考えられる	
3	自分にとって人生で最も大切なものを得る方法を多数考えつく	
4	他の人が希望を失っているときでも、問題の解決法を考えられる	
5	目標に向かって一生懸命に努力する	
6	過去の経験のおかげで、未来へ向かう準備が十分にできていると思う	
7	これまでの人生では非常に成功してきた	
8	自分で決めた目標を達成することができる	

1～4の合計点
※解決方法を考えつく力

5～8の合計点
※前へ進む力

2．私たちは日々いろいろな困難に出合います。不安になったり、心や体の病気になることもあります。そこで、今の自分を超えて、新たな解決を見いだし、一歩踏み出す練習をしましょう。まず、あなたが困っていることを書き出し、（2）～（5）の順に取り組んでいきましょう。

（1）あなたが困っていること（気になっていること）

（2）あなたが困るのは、何を望んでいるからですか？　満たされていないあなたの本当の願望は何？

（3）困った状況をあなたはどのように自分に説明していますか？

（4）親しい友達になってみて、（2）の考えに思いっきり反論したり、勇気づけたりして夢の実現をサポートしましょう。

（5）さあ、一歩踏み出すとしたらどんなふうに自分に説明して、何をしますか？

文書ファイル配布
☆詳しくは奥付を！

幸せづくりの処方箋　その6

お金の使い方と幸福度

子どもたちの六人に一人が貧困状況にあります。生きていく上で最低限必要な衣食住が足りない「絶対的貧困」とは違います。その人が生きている社会の〝普通〟とされる生活が享受されない「相対的貧困」と言われるものですが、そうした家庭で育つ子どもたちは友達関係や学業、将来の夢など、いろんなところでハンディを背負っています。

使えるお金に違いがあったとしても、学校で〝幸せになれるお金の使い方〟を学ぶことは、どの子どもたちにとっても大切なように思います。

ノーベル経済学賞を受賞したダニエル・カーネマン博士は、いったん食や住の基本的欲求が満たされれば、それ以上の年収と幸福とは比例しないと述べています。では、幸せとお金との関係をどのように考えればよいのでしょう。

他の人に使うお金・自分に使うお金

ハーバード大学経営大学院のマイケル・ノートン博士は、「お金の使い方で幸福度が変わるのか」という研究をしていました。博士は、五ドルのお金を入れた封筒と二〇ドルのお金を入れた封筒を用意し、半数には「午後五時までに、このお金を自分のために使ってください」と書いたメモを、残りの半数には「午後五時までに、このお金を誰かのために使ってください」と書いたメモを入れ、学生たちに渡しました。そして、夜に学生を集めて「何に使いましたか？　今どれくらい幸せですか？」と尋ねました。

「自分のために」というメモが入っていた学生には、化粧品やスターバックスに行ってお金を自分のために使う学生がたくさんいたそうです。また、「誰かのために」というメモが入っていた学生は、姪っ子にぬいぐるみを買ってあげたり、友達にコーヒーを買ってあげたりしていました。

そして、今の幸福度を尋ねてみると、自分のためにお金を使った学生より、他の人のために使った学生のほうが、幸せだと答えました。五ドルでも二〇ドルでも、使った金額には関係がなかったと言います。

博士はウガンダでも同じような調査をしました。知り合いの医療費に使う等、お金の使い方に社会的・文化的な違いはあるものの、やはり他の人にお金を使うことのほうが、幸せにつながることがわかりました。

このようなお金の使い方の研究からも、「人のために何かをしたい」「人の役に立ちたい」という欲求は、人間本来備わっていることがわかります。たとえ些細なお金でも人のために使うことで自分が幸せになり、相手にもその幸せが連鎖するのです。

幸せをお金で買う五つの方法

研究に裏付けられた「幸せをお金で買う五つの方法」を紹介します。あなたは幸せをお金で買うことがどれくらいできていますか？

①経験を買う

コロナ禍の前は、大阪の心斎橋は外国人観光客で賑わっていました。化粧品や薬、安価な服が山積みにされ、多国語の店員の大きな声が響いていましたが、徐々に「爆買い」よりも、その雰囲気を楽しむツアー客が増えていったように思います。

幸福学の研究では、物理的な物を買うことよりも、次のような経験をすることのほうが幸福をもたらすことがわかりました。

・他の人々と交わることによって、社会的なつながりが生まれるような経験
・この先何年にもわたって楽しい気持ちで繰り返し話すことができる思い出話につながる経験
・なりたい自分に結びつく経験
・他の選択肢と簡単に比較することができないめったにないチャンスを与えてくれる経験

②ご褒美にする

人は日々繰り返されることに慣れる傾向があります。毎日頑張っていることにも意味を感じなくなっていきます。なので、そんな日常に制限を設定して、その制限に達したら〝ご褒美〟として楽しむと、新鮮な喜びを味わうことができます。

例えば、卒業式も「ご褒美として楽しむ」という制限にあたるのかもしれません。少し高価な髪飾りや式服、美容院にも行きます。そして、子どもたちからの感謝の言葉や晴れ晴れとした顔を見て、「ああ、苦労したかいがあったなあ」と実感し、新鮮な気持ちで次の学年のスタートを切ることができます。コロナ禍の影響で卒業式ができなかった子どもたちはもちろんのこと、先生方も幸福を感じる大切な機会を失ったと感じませんか？

大きな行事でなくても、普段の生活の中にプチイベント（ご褒美）をつくることがお勧めです。その際、お金に「ありがとう」と言って、喜んで手放すことがコツです。

③時間を買う

みなさんは、「幸せを感じる時間」をどれくらい持っていますか。多くの人は仕事や通勤、家事に追われ、忙しくて自由

な時間がないと感じているのではないでしょうか。

ペンシルベニア大学で行われた実験では、学生たちに一時間の課題を出した後、一方のグループはそのまま帰宅させ、もう一方のグループには、落第しそうな地元の高校生の大学入試の作文を一五分添削させました。すると、添削した学生のほうが、「より多くの自由な時間がある」と後日の質問に回答したそうです。自分のためではなく誰かを助けることに時間を使うと、「自分は豊かに使える時間がある」と感じるようです。

つまり、「時間の有無」ではなく、「自分が時間をどのように使っているかという意識」が、金銭の豊かさ以上に幸福にかかわっているということです。

とっても忙しい人は、業者にお金を払ったり、お掃除ロボットを買ってお掃除してもらったりして「時間を買い」、本来自分がしたいことや誰かの役に立つための時間に使うのが、幸福になるコツだと思います。

④先に支払って後で消費する

旅行などでも、代金を先に支払っておくと、旅行そのものを楽しむことができますね。その場で請求されたり後で支払うと、それだけの価値があったのかと疑心暗鬼になったり（笑）。

ご褒美と同じで、先払いして旅行を「おあずけ」にしておくことで、すぐに手に入るよりもずっと楽しむことができるのです。

⑤他人に投資する

ノートン博士の大学生の実験で説明しましたが、他人のためにお金を使うということは、他人にお金を移したという単純なことではありません。お金を使った人の脳はそのときに、「報酬をもらった」と反応するのです。そして、他の人とのつながりを獲得し、気分も体も健康になれるのです。

私は「同僚にしてもらったことでうれしかったことは何ですか？」と先生方に尋ねることがあります。「疲れて職員室に戻ったときに、『お疲れさま』のメモとチョコレートが置いてあったとき」と答えられる先生がとても多いです。チョコレート一つでこの幸せ感が得られるのです。

ワーク「幸せになるお金の使い方」

1．過去一年間のお金の使い道

【方法】ワークシートの四角の中に普段どんなものにお金を使っているかを書き出す。その中で、「時間がたっても幸せを感じるお金の使い道ベスト3」を選んで書き出す。

2．幸せになるお金の使い方の特徴

【方法】「幸せをお金で買う五つの方法」を参考にしながら振り返る。

＊お金を何に使っているかはプライベートな問題でもあるので、交流する場合に配慮が必要。

〈参考文献〉
エリザベス・ダン、マイケル・ノートン（古川奈々子訳）『「幸せをお金で買う」５つの授業』、中経出版、二〇一四年
ポジティブサイコロジースクール「幸福学入門講座」二〇一五～二〇一六年

W Happiness Wave

幸せになるお金の使い方

名前（　　　　　　　　）

1．過去1年間にあなたは、どんなことにお金を使いましたか？　思い出して、四角の中に書き入れていきましょう。そして、時間がたっても幸せを感じるお金の使い道のベスト3を選びましょう。

あなたが幸せを感じるお金の使い道ベスト3

2．あなたが幸せを感じるお金の使い方には、どのような特徴があるのでしょうか。なぜ、幸せだと感じるのでしょうか。よく考え、感じ、気づいたことをまとめましょう。そして、まとめたことをグループやみんなで話し合ってみましょう。

幸せをお金で買う5つの方法

①経験を買う　②ご褒美にする　③時間を買う　④先に払って後で消費する　⑤他人に投資する

幸せづくりの処方箋 その７

人間関係と幸福

二〇一七年六月下旬、小林麻央さんが闘病の末に亡くなられました。夫の市川海老蔵さんが歌舞伎公演の合間にマスコミの取材に応えている姿にくぎ付けになり、彼のからだの奥底から絞り出される言葉の力強さと美しさに心を奪われたのを今でも思い出します。「私が教わったこと、これからも教わりつづけることは、愛なんだと思います」の言葉に、麻央さんは愛を教えるために生まれてこられたんだなあと感じました。

麻央さんは「病気になったことが私の人生を代表する出来事ではない」とブログを始められました。ブログを通して勇気や愛をいただいた方はどれほど多かったことでしょう。一方で海老蔵さんは、ブログをアップしすぎだと批判されました。「自分を伝えることで自分を支えている。奮い立たせている。聞いてもらいたい、伝えることが人間として必要です。ご容赦ください」という内容を綴っていました。ブログからは、人に伝えることでやっとここに立てている様子や、綴ることで父として生きる覚悟を固めている様子がうかがえます。

人は、人と響き合えないと生きていけない生き物なのです。では、どうすれば人間関係から幸福を導き出せるのでしょうか。

「最期の後悔」から学べるものは何？

ホスピスの介護人として、死にゆく人たちの語りを聴いてきたブロニー・ウェア氏は、その経験を『死ぬ瞬間の５つの後悔』という本にまとめました。以下にご紹介するその「後悔」から、学ぶことがたくさんあるようです。

①「自分に正直な人生を送ればよかった」

両親や学校の先生に喜んでもらうために生きてきたと思っている若者は少なくありません。他者の期待に応えることと自分らしく生きることをバランスよくできればいいのですが…。これは、自分の正直な気持ちを押し隠しながら生きてしまい、激しい怒りを伴う「後悔」だと言います。

②「あんなに働かなかったらよかった」

余命　か月というときに、皆さんだったら何をするでしょうか？　まさか、レポートをまとめたり、夜中までパソコンの前に座ったりしていることはないでしょう。本当に自分がやりたいことは何かを問いかけられているようです。

③「勇気を出して自分の気持ちを伝えればよかった」

この世を去る前に恨み言を言いたいと思っている人はいないでしょう。謝りたかったことを伝えたり、感謝を言葉にしたり、正直な自分の心を大切に扱って、この心を成就させたいものです。

④「幸せをあきらめなかったらよかった」

「私は幸せにはなれない」と思い込んでいる方はいませんか？　どんな人でもその瞬間、幸せになる選択をすることができます。人は何を考えるのかを選択することができるのです。

幸せは伝搬し、自分が幸せになると、あなたとつながっている人々が幸せになります。自分を犠牲にして子どもの幸福のために尽くすことが、本当に子どもの幸福につながるのでしょうか。親の苦悩は子どもに必ず伝わります。自分が幸せになることに取り組むことが大切なのです。

⑤「友達と連絡をとりつづければよかった」

日本の高齢者はアメリカと比較して、別居している家族と会ったり、友人などと電話で連絡をとったり、病気のときに近所の人と助け合ったりする割合が低いと報告されています。老人の孤独死も社会問題となっています。

幸福は、友達の数ではなく、多様な人とのつながりが関係しているという研究結果があります。皆さんは、職種、年代、国、趣味など多様な人と、どれくらいつながりを持っているでしょうか。

質の高い人間関係を形成する四つの方法

それでは、米国・ミシガン大学大学院のジェーン・ダットン教授がすすめる「質の高い人間関係を形成する四つの方法」を紹介します。

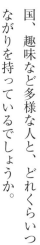

①助け合うかかわり

小学校六年生が「中学校に進学して友達ができるか不安です」という友人の悩みに、「友達をつくりたいのだったら、誰かを助けてあげるといいよ」とアドバイスをしていました。「そのとおり！」と、私は心の中で叫んでいました。

「つながり」をつくるもう一つの方法は、人に助けてもらうことです。そのときにポイントがあります。それは「アドバイスがほしい」「一緒に課題を解決してほしい」「あなたならどう解決する？」という具合に、相手の知恵を貸してもらうことです。相手は自分が信頼されていると実感し、親近感を抱くでしょう。そして、〝あなたの課題〟ではなく〝私たちの課題〟になるのです。

この信頼と親近感こそが、質の高い「つながり」を形成するのです。

②尊敬・敬意を伝えるかかわり

私は「苦手な人に肯定的なメッセージを送る」という課題を大学生に与えたことがあります。「偽善的な感じがする」と尻込みする学生もいましたが、「誰でも良いところはある。リップサービスではなく、ほんのささいなことでいいから、それを言葉にして伝えましょう」と話しました。

「『先輩の目ってきれいな澄んだ目ですね』と言うと、いろいろと世話をしてくれるようになった」「『いつも元気な声ですね』と言うと、ネガティブな話が減った」など、多くの学生は人間関係が好転したことを語ってくれました。

誰もが他者に認められたい、愛されたいと思っています。しかし、その欲求が満たされないと、空腹のときと同じようにイライラしたり、落ち着かなかったりして、他者にやさしくもできません。まずは相手の自尊心を満たすことが大切です。

毎日、少なくとも五つのほめ言葉を周囲の人にかける習慣をつけましょう。

③信頼をよせるかかわり

人はそれぞれ、異なった強みを持っています。その強みが発揮され、それを互いが認め合える関係が必要です。

例えば、キャプテンやマネージャーの役割、レギュラーではない仲間の役割を互いに尊重できれば、質の高いつながりあるチームが形成されるでしょう。職場もそうあるべきですね。「まかせる」ということが「つながり」をつくります。

④共に楽しむかかわり

何かを誰かと一緒にクリエイトしていくプロセスは、実に楽しいものです。「一緒にしよう」と、誰かと何かを始めませんか。ほんのささいなことで十分ですから。

ワーク High Quality Connection

【方法】 ワークシートを配付し、「質の高い人間関係を形成する四つの方法」について説明したり、それぞれの体験を振り返ったりしながら学習する。

そして、各自が挑戦するプランを書き込み、実践することを課題にする。

プランとは、例えば、「①のかかわりをつくるために、一日一回は、人の助けとなることをする」「②のかかわりをつくるために、一日五つ、人の良いところを見つけて伝える」などというもの。

実践後は、どのようなプランを実施したのか、何を学ぶことができたのかを交流する。

〈参考文献〉

ポジティブサイコロジースクール「幸福学入門講座」二〇一五〜二〇一六年
ブロニー・ウェア（仁木めぐみ訳）『死ぬ瞬間の5つの後悔』、新潮社、二〇一二年
レス・ギブリン（弓場隆訳）『人望が集まる人の考え方』ディスカヴァー、二〇一六年

Happiness Wave

High Quality Connection
質の高いつながりを築こう

名前（　　　　　　　　）

　友達やつながっている人が多ければ多いほど幸せかというと、そうではありません。人数は少なくても、自分の本当の気持ちを伝えることができたり、自分の弱い気持ちを話せる人がいることのほうが大切です。

　そして、質の高い人間関係はあなただけでなく、相手も幸福にしてくれます。そんなつながりをつくるために４つの効果的な方法があります。ささいなことでも実践することがとても大きな力となります。さあ、あなたも挑戦しましょう。

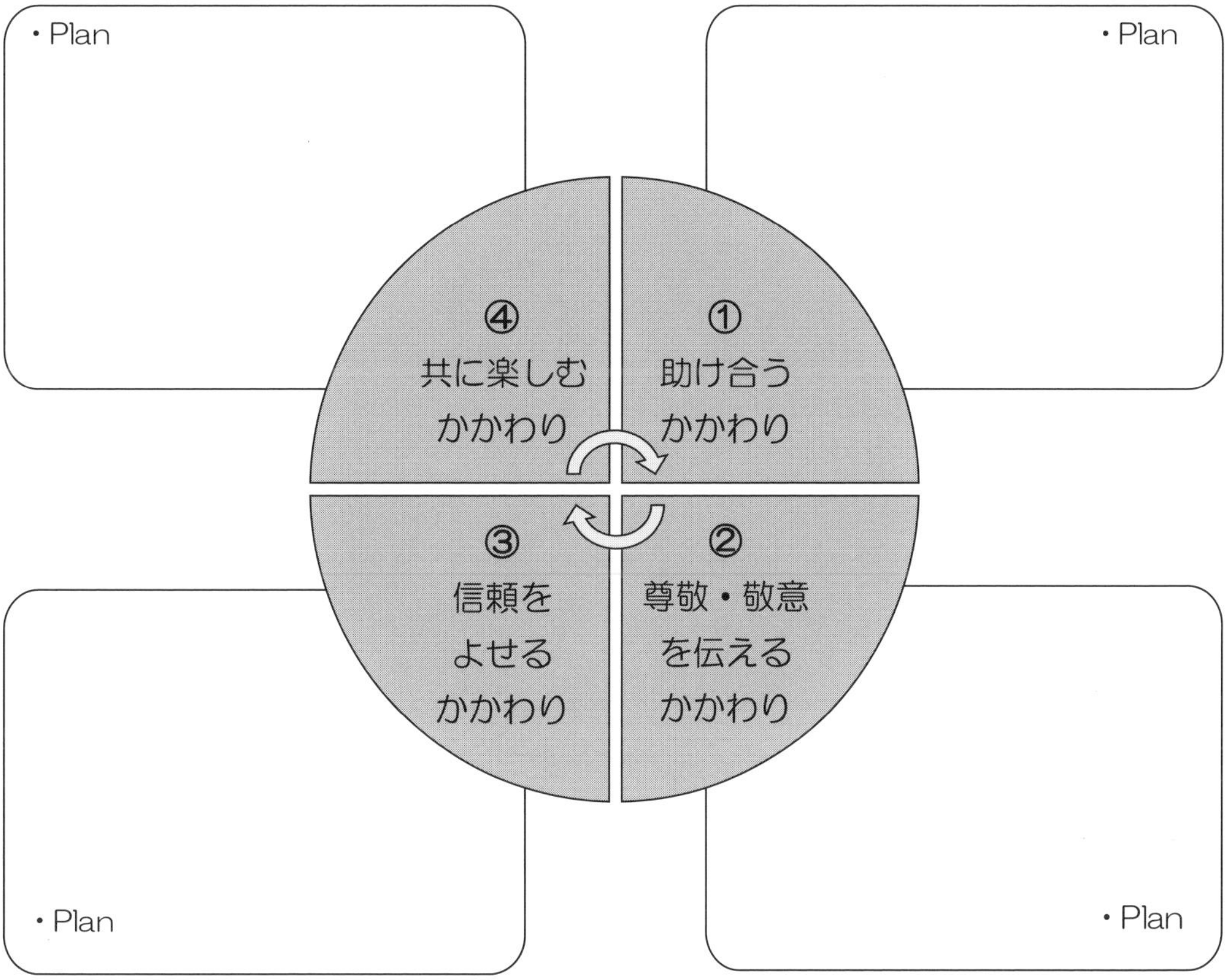

Dutton,2003/2014

《実践後》あなたがこの挑戦から学んだことは何ですか？

幸せづくりの処方箋 その8

環境と幸福

地球上のあらゆる物質はすべて「波動」を持っています。私たちの心や身体はさまざまな波動の影響を受け、心地よくもなれば悪くもなります。「あの人とは波長が合う」「気が合う」というのも、その波動が心地よく共鳴するあり様を表現しています。

「人気」は大勢の人に共鳴することができる波動です。一方、「気が散る」「気が滅入る」「気が合わない」など、悪い気を感じてつらくなることもあります。よい気が流れている場所は、パワースポットとしてそれこそ人気です。

私は以前、マインドフルネスの旅をしにニュージーランドの北島にあるタウポ湖に行きました。そこはマオリ族の聖地です。不思議なことに長旅の疲れはまったく感じず、すがすがしいことに驚きました。よい気が流れるところは心も体も癒され、幸福感で満たされるようです。

よい波動を生む環境

海外の学校を視察すると、色鮮やかな建物や教室、触発されるような掲示物を目にしてワクワクします。出会う方はみんな素敵な笑顔です。

次ページの写真をご覧ください。

例えば、助けを求めたら助けてくれる仲間がいることや自分が信頼できる大人とつながることができるといった温かなメッセージが溢れている場所が用意されていたり、よりよい自分になる秘訣のメッセージが階段に掲示され、子どもたちは階段を一歩一歩上がるたびに視覚や足裏から習得できる環境をつくっています。心がざわざわしたときには心を落ち着け癒されるクールダウンの部屋が用意されていたり。よい波動を生み出す学校環境がありました。

日本に戻って、無機質な学校をもっとカラフルにしようと教員に話すと、「落ち着きのない生徒に黄色はだめです」「私の教室の掲示物はすべて緑ですから」と大笑い。

色の波動の影響や環境の影響を、私たちは実感しているのです。

関係性を促す環境

マサチューセッツ工科大学のアレックス・ペントランド教授は「雑談が生産性を向上させる」ことを明らかにしました。つまり、カリスマ性のある優れた人材をメンバーにすること以上に、メンバー同士のコミュニケーションを高めることのほうがチーム力を高め、よいパフォーマンスをあげると言うのです。

　企業では、コミュニケーションを積極的に促進するさまざまな環境づくりが進められています。例えば、個人のデスクを固定せず、共有する大きなテーブルや丸いワークデスクで仕事をします。わからないことはすぐに聞くことができ、アイディアを交換することも容易です。マインドフルネス改革でも有名なグーグルでは、木のボートをソファーにして腰かけながら、壁一面のホワイトボードを使って、リラックスしてミーティングができる環境をつくっています。

　日本でも職員室の環境整備が進められる方向にありますが、シンガポールの中学校では、教職員のミーティングルームに卓球台やビリヤード台、ハンギングチ

Greenfield Primary School（イギリス）

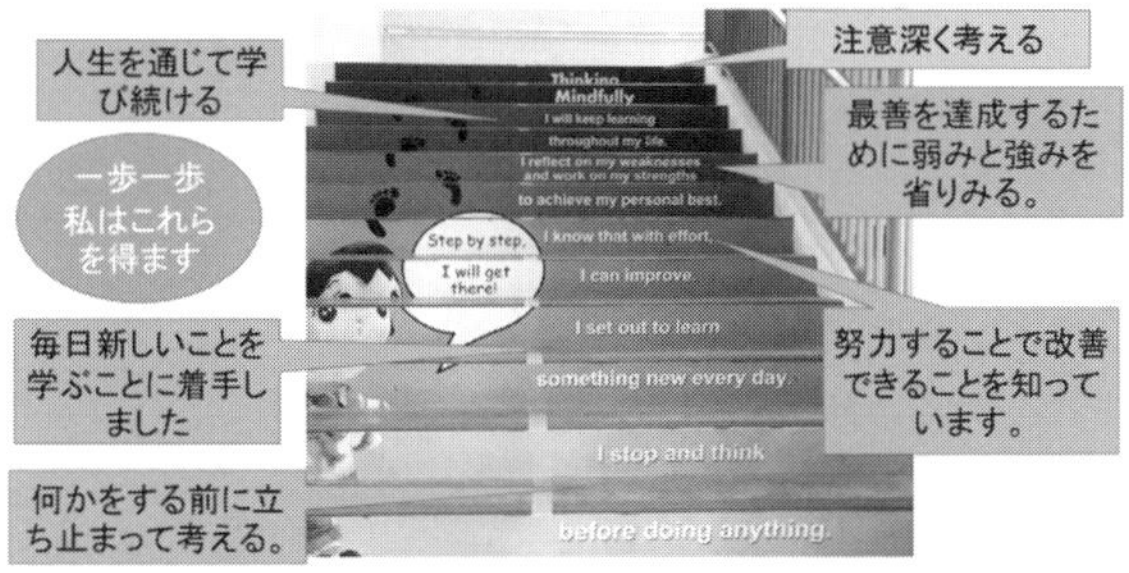

WESTWOOD Primary School（シンガポール）

Hackhman West Primary School（オーストラリア）

Hougang Secondary School（シンガポール）

エアがあり、先生が仲間と楽しんだりくつろいだり、自分の幼い子どもを遊ばすコーナーまであったのを思い出しました。

コミュニケーションを促し、創造的なアイディアを生み出す環境イノベーションの視点も重要です。

ワーク　Let's イノベーション
よい波動を生み出す環境

たわいもない話で笑い声が聞こえる職員室にはよい気が流れ、創造的な仕事に取り組みやすくなるものです。

私が勤務していた中学校の職員室は、机を大きなコの字型に配置していました。学年は担任団を中心にして向かい合い、副担は隣に座ります。コの字の内側に座っている先生方は、振り向くと他学年の先生と顔を見て会話ができます。翌年に職員が増え、座席をどうするか議論になりましたが、職員間のコミュニケーションを促進するためにもコの字型を何とか維持しました。

朝の登校指導にはたくさんの先生方が参加して、先生同士で子育てのことや恋愛のこと、体重を減らすことなどワイワイと話をし、笑顔で「おはようございます」の挨拶から職員朝礼が始まります。小学校ではなかなか職員室に戻れない状況があるようですが、雑談ができるテーブルに、ちょっと話題になっているお菓子とお茶があると、戻りたいと思う職員室になるようです。

このような工夫は職員室だけのことではありません。子どもたちは「主体的・対話的で深い学び」を求められていますが、安心して何でも言い合える関係性がないとそうした学びが進まない状況が見られます。こうした学級にこそ、雑談できる環境が必要です。教室での机の配置も、コの字型にしたり、子どもたちの距離が一番近くなるような班学習での机の並べ方などの工夫をします。さらに、毎回席替えをすることで、隣になった友達とポジティブな会話ができるかもしれません。時には色鮮やかなテーブルクロスとかわいい人形を置いてみます。床に円になって座ったりすると、いつもと違う雰囲気になります。掲示物には、ポジティブな言葉が溢れるようにしましょう。

また、保健室では、傷ついた子どもたちが癒されるような温かい色や素材を使ったものを配置します。ストレングスカードを置いておくと、子どもたちとカードを見ながら話ができたりします。

第二の家庭である学校をよい気の流れる心地よい、通いたい学校にイノベーションしていきたいものです。

1　お気に入りの場所

【方法】自分のお気に入りの場所を思い出す。そして、どうして気に入っているのか、その理由を探していく。

2　レッツ！　イノベーション

【方法】一番長く過ごす学級（職員室）や特別な場所をお気に入りにするために改造する。大きなことではなく、すぐにできそうなちょっとした工夫をイラストにし、色を塗ったりアイディアを書き込んだりして視覚化する。

〈参考文献〉
リッチ・カールガード（野津智子訳）『グレートカンパニー』ダイヤモンド社、二〇一五年
ポジティブサイコロジースクール「幸福学入門講座」二〇一五〜二〇一六年

Happiness Wave

Let's イノベーション

よい波動を生み出す環境

名前（　　　　　　　　　　）

地球上のあらゆる物質はすべて「波動」を持っています。私たちの心や身体はさまざまな波動の影響を受け、心地よくもなれば悪くもなります。「あの人とは波長が合う」「気が合う」というのも、その波動が心地よく共鳴するあり様を表現しています。心地よくなる場所をあなた自身で創り出すことがこのワークシートのねらいです。

1　あなたのお気に入りの場所はどこですか？　その場所のどんなところが気に入っているのですか？

場所

その理由

2　あなたが長い時間過ごしている場所を、仲間とのよいコミュニケーションを増やす心地よいお気に入りの場所にしてみましょう。（イラストを描いて、色を塗ったりアイディアを書き入れましょう）

場所（　　　　　　　　　　　　　　）

幸せづくりの処方箋 その9

フロー（没頭・熱中）と幸福

何かに夢中になっていて、「あれ、もうこんな時間？」と感じた経験は、誰もがあると思います。我を忘れて高度に没頭するときに味わう独特の心境を、ハンガリー出身のM・チクセントミハイは「フロー」と名付けました。調査面談した多くの人が「漂っている（floating）ような感じだった」「私は流れ（flow）に運ばれたのです」と語っていることに由来しています。

M・チクセントミハイは、マーティン・セリグマンとともにポジティブ心理学を創設した人です。戦後混乱した社会で、「人生を生きるに値するものにするものは何か」を問い続けます。収入が増えることや物質的な充足だけでは幸福感が増すことがないことに気づき、毎日の生活の中で、いつどんなときに幸せを感じるのか、千人を超える人々にインタビューしました。その結果、創造的な活動や高い技術力を必要とする仕事などに没頭しているとき、人々は疲れを知らず時間の過ぎるのも忘れ、活力と喜びと永続的な満足を体験していることがわかりました。それを博士は「フロー」と名付けました。このフロー理論は、現在では経営や組織開発の分野でも活用されています。

「人はなぜ生きるのか」を問う

戦争の渦中にある人たちが「人はなぜ生きるのか」といった問いを持つことは自然なことだと思います。ナチスのユダヤ人強制収容所での体験を綴ったヴィクトール・フランクルは「人生には何の意味があるのだろうといくら問うても答えは得られない。むしろ人間は人生からの問いに対して答えなければならない」と述べています。まさに、自分自身が何のために生きているのかと問われるのです。

今私たちは、科学技術のイノベーションの中で、人工知能と共存する時代にあります。リンダ・グラットン博士が二〇〇七年生まれの日本の子どもたちの五〇％が一〇七歳まで生きると試算するように、これまで経験したことのない長寿の時代へと進んでいます。「人はなぜ生きるのか」を問われる時代なのです。

フローを生む生き方

「退職後、四〇年も生きるのか。お金はいくらあったらいいのかな。何をして生きようか」なんて思ってしまいます。これからは、一つのところに就職して退職するというワンステージで終わらない時代です。高い専門性とその専門性をあわせて新たな価値をつくりだす時代です。

リンダ・グラットンは、このような人生のマルチステージの時代に必要なのは、お金などの有形資産以外に、

①生産資産（知識、スキル）
②活性資産（健康、良質な関係性）
③変身資産（多様ネットワーク、開かれた体験）

だと述べています。これらの三つの資産を形成するうえで大切なのが、「フロー」です。

M・チクセントミハイは大規模な調査結果から「フロー」になるときの要件を明確にしました。調査協力者に一日一〇回ポケットベルを鳴らし、何をしているのか、どんな気分か、何を考えているのかをそのつど、記録してもらいました。

そして、「挑戦（チャレンジ）」の度合いとその瞬間に適用している「技術（スキル）」の平均値を中央にとって作成したのが「日常体験の図（フロー体験）」です（図参照）。

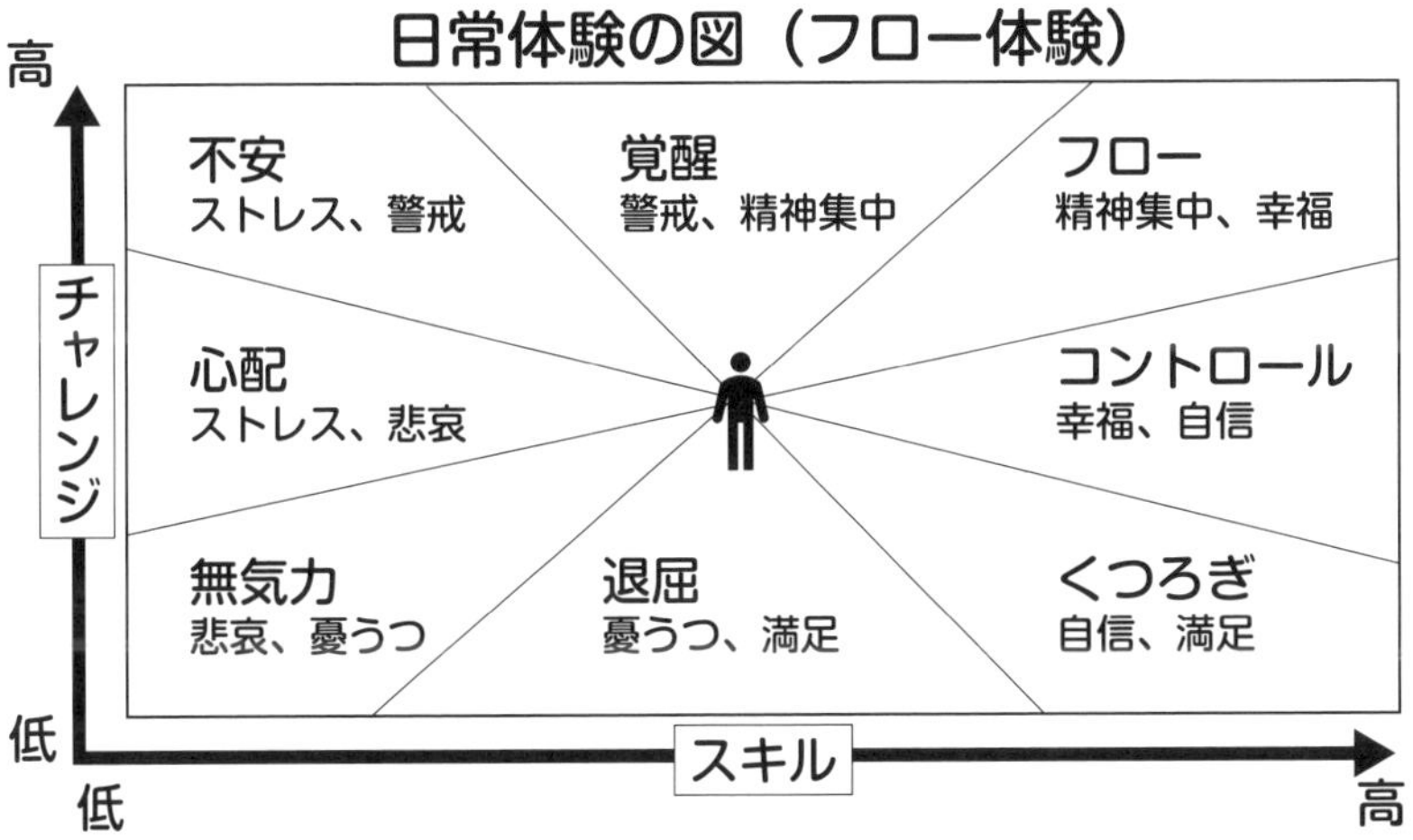

チクセントミハイ『フロー体験とグッドビジネス』より　一般財団法人ポジティブイノベーションセンター

チャレンジもスキルも、その人の平均以上のものを求められているときに「フロー」になるのです。

「コントロール」のエリアはうまく活動をしている状態ですが、チャレンジは中程度の状態です。「覚醒」のエリアはチャレンジは高いですが、必要なスキルが追いついていない状態です。学習をしてスキルを高めることで「フロー」への移動が可能になります。

一方で、それぞれの水準が平均より低い場合は「退屈」「不安」「心配」「無気力」といったエリアになります。特に「無気力」のエリアは否定的な感情下におかれ、チャレンジすることもなくスキルも身につかない状況です。

この図に示されるスキルやチャレンジは、人によって質や量も違うものです。これからの教育は、子ども一人一人に合った内容を提示することが大切だと言われています。一人一人の子どもが自分の人生を豊かなものにする方略は異なるは

ずです。日々の生活の中で、個別の小さな「フロー」の状態を起こすことが、長い人生を生き生きと生きるコツであり、教師はそのサポートをすることが求められています。

《フローになる条件》

①目標に意味があること
②スキルのレベルとチャレンジのレベルのマッチング
③達成目標と基準が明確である

ワーク「フロー（夢中）で生き生き！」

フロー経験は、そのこと自体が楽しく、その経験を重ねることで、人は熟達し成長していくといわれています。

スポーツ、ゲーム、芸術、趣味など、絶えずフローを生み出すいくつかの活動があります。しかし、私たちの日常生活では、それらのことだけをやっているわけにはいきません。生活の大部分は、仕事（学業）や家族や他者との相互作用に費やしています。

この仕事や他者との関係をすべてフローの状態にもっていくことは、現実的ではありません。しかし、退屈やストレスを感じていても、一つでもフローを感じることができる活動があることで、幸福を感じることができるものです。

どんな環境にあっても少しでも自分でフローの状態にもっていく力を養えば、一〇〇歳を超える長い人生を生き生きと生ききることが可能になるのではないでしょうか。

1　夢中になっているわけ

【目的】夢中になると、生活が生き生きすることを実感し、フローの状態になるコツを確認する。

①夢中になっていること、これまでに夢中になることができた活動を記入する。
②夢中になれる理由を個人・全体で考える（チャレンジ・成長を実感・クリアできた快感・一緒にする仲間・クリエイティブ・スリル・自分の好きにできる　等）。
③フローになる条件やフローの効果について学び合う。

＊ゲームやSNSに夢中になっている子どもたちも多くいるでしょう。夢中になる対象が、自分自身や身近な人の幸福につながっていることが望まれます。それを実感できるような工夫が必要です。

2　フローの状態をつくろう！

【目的】日常生活を自分自身によって、生き生きと送ることができることを学ぶ。

①日常生活での活動が、「日常体験の図（フロー体験）」のどのようなエリアに広がっているのか記入する。
②フローになる条件を確認し、フローの状態にもっていくことができることを説明する。
③一つの活動を取り上げ、フローになる計画を立てて実行できるようにする。

〈参考文献〉

ポジティブイノベーションセンター『ビジネス・ポジティブ心理学講座』基礎コース、二〇一七年
M・チクセントミハイ（今村浩明訳）『フロー体験　喜びの現象学』世界思想社、一九九六年
M・チクセントミハイ（大森弘訳）『フロー体験とグッドビジネス』世界思想社、二〇〇八年
ヴィクトール・フランクル（赤坂桃子訳）『ロゴセラピーのエッセンス』新教出版社、二〇一六年
リンダ・グラットン、アンドリュー・スコット（池村千秋訳）『LIFE　SHIFT』東洋経済、二〇一六年

Happiness Wave フロー（夢中）でイキイキ！

名前（　　　　　　　　　）

1　夢中になっているわけ。 あなたが夢中になっていること（いたこと）を教えてください。夢中になれる（なれた）のはどうしてなのでしょうか。

《理由》

2　フローを状態をつくろう！ あなたの日々していることを思い出してください。それは、どのエリアに広がる活動でしょうか。

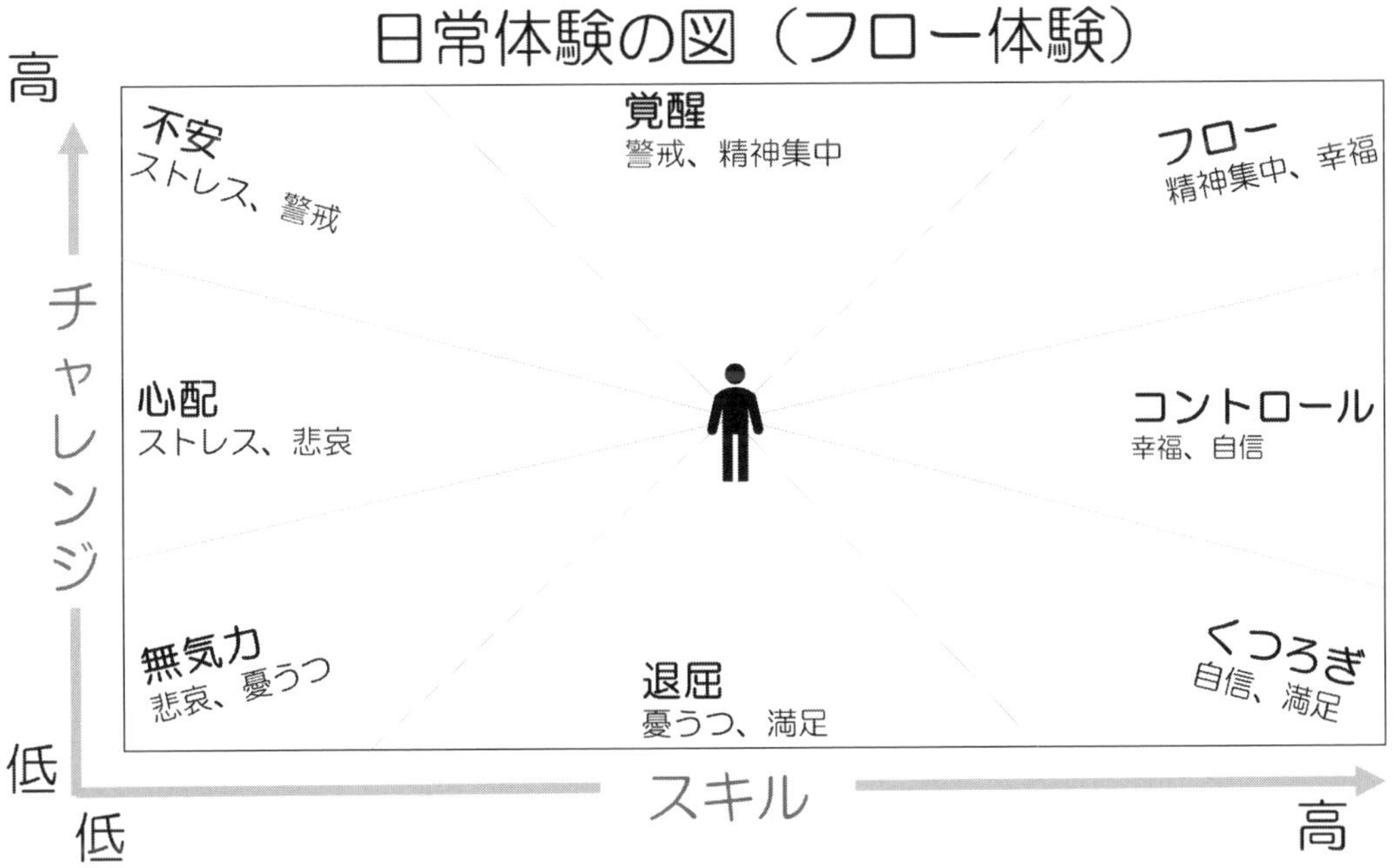

チクセントミハイ『フロー体験とグッドビジネス』より　一般財団法人ポジティブイノベーションセンター

3　自分や身近な人幸福につながるフローで、あなたが取り組みたいこと 自分の好きなことを生かそう

自分や身近な人の幸福につながるフローを考えてみよう

文書ファイル配布
☆詳しくは奥付を！

幸せづくりの処方箋 その10

自分の人生を俯瞰する

先日ある学校の道徳の授業を見学しました。「ありのままを生きる」をテーマに、高橋絵麻さんが特別講師に招かれました。彼女は、三〇代のヨガインストラクターで、二人の子どもを育てながら、乳がんと闘っています。

ある日突然受けたがん宣告。最初は周囲に隠していたのですが、二か月後には公表し、「しこり触ってキャンペーン」の活動を始めたそうです。そして、「自分の心や身体を隠さないで、ありのままを出していくとそれが好きって言う人が集まってくれて、心地よい空間ができるよ。自分のやりたいことをすることで、感謝の心も芽生えたよ」と話されました。

子どもたちは、高橋さんのお話を心で受け止め、自分たちの悩みを友達に聞いてもらう活動を行いました。ある生徒は「自分は結構いろいろなことを抱えているかもしれないけれど、それもあっての自分だから、このままの自分で生きていこうと思います」と答えていました。

若者の自死が社会問題となっている日本。絶望の中でも生きることを選択できる力を育てたいと思います。

人生山あり谷あり

人生の逆境について思いを馳せるたびに思い出すのが、島田洋七さんの「がばいばあちゃん」の話です。若い世代の人は知らないかもしれませんね（笑）。

島田洋七さんは、コンビ名「B&B」で漫才ブームの火付け役的存在。両手でギザギザを形づくりながら「もみじ饅頭」というギャグや、すごいテンポの岡山と広島ネタ。子どもたちは「もみじ饅頭」をよくまねしていたものです。

しかし漫才ブームが終わり、仕事が激減。体調も悪くなった洋七さんが、佐賀のおばあちゃんに弱音を吐くと、「四年ほど死ぬほど働いたんだから、四年遊べ。山を登ったら、今度は谷にも下りていけ。いっぱい気づくことがある。そもそも頂上なんて人が住むところじゃない。記念撮影が終わったら下りて来い。谷はいいぞ。鳥もいるし、きれいな花も咲いている。川だって流れている。川で体を洗ってさっぱりしたら、もういっぺん山の頂上へ向かえ」と。なんて、ウイットに富んだ語りでしょう。

洋七さんの人生を『転起力』という本から読み取って図に描いてみました。洋七さんが見たら「違う、違う！」とおっしゃられるかもしれませんが、みなさんにわかりやすく伝えるために作成したので、ご容赦ください。

第一の谷：幼少期は、おばさんを見送りに行ったはずの佐賀行きの電車に、母に背中を押されて押し込まれ、突然母元から離されます。しばらくはずっと泣いていたそうです。

第二の谷：貧乏生活の中でも元気に育ち、俊足を活かして野球部で活躍。広島の広陵高校に入学するも怪我で退部。

第三の谷：漫才で一世を風靡したものの漫才ブームが終わり、漫才から離れます。

誰にでも、山の高さや谷の深さは違うにしても、山もあれば谷もあるものです。しかし、どんな深い谷であっても、そこから抜け出てくるのが人間です。谷から出て山へ登ると、また山を下りてくる。そしてまた次の山へと向かう。こうした繰り返しの中で、少しずつ山の下り方や登り方を学び、へこたれない自信と体力をつけていくのです。

谷から山へ向かわせたもの

逆境を乗り越える力をつけるには、谷から抜け出たときに何があったかに着目することです。

第一の谷では、「ばあちゃん、腹痛い」「腹減った」と言うと「気のせいや！」と答える、とにかくポジティブなおばあちゃんと、学校の先生の存在でしょう。洋七さんの家庭事情に心を砕き、「おなか痛いからお弁当交換してくれる？」と、運動会のたびにごちそう弁当を食べさせてくれる先生。マラソン大会を見にきた母親を見つけて、涙流して喜んでくれた先生。見逃してはならないのが、武道をやるお金がないからと一人で運

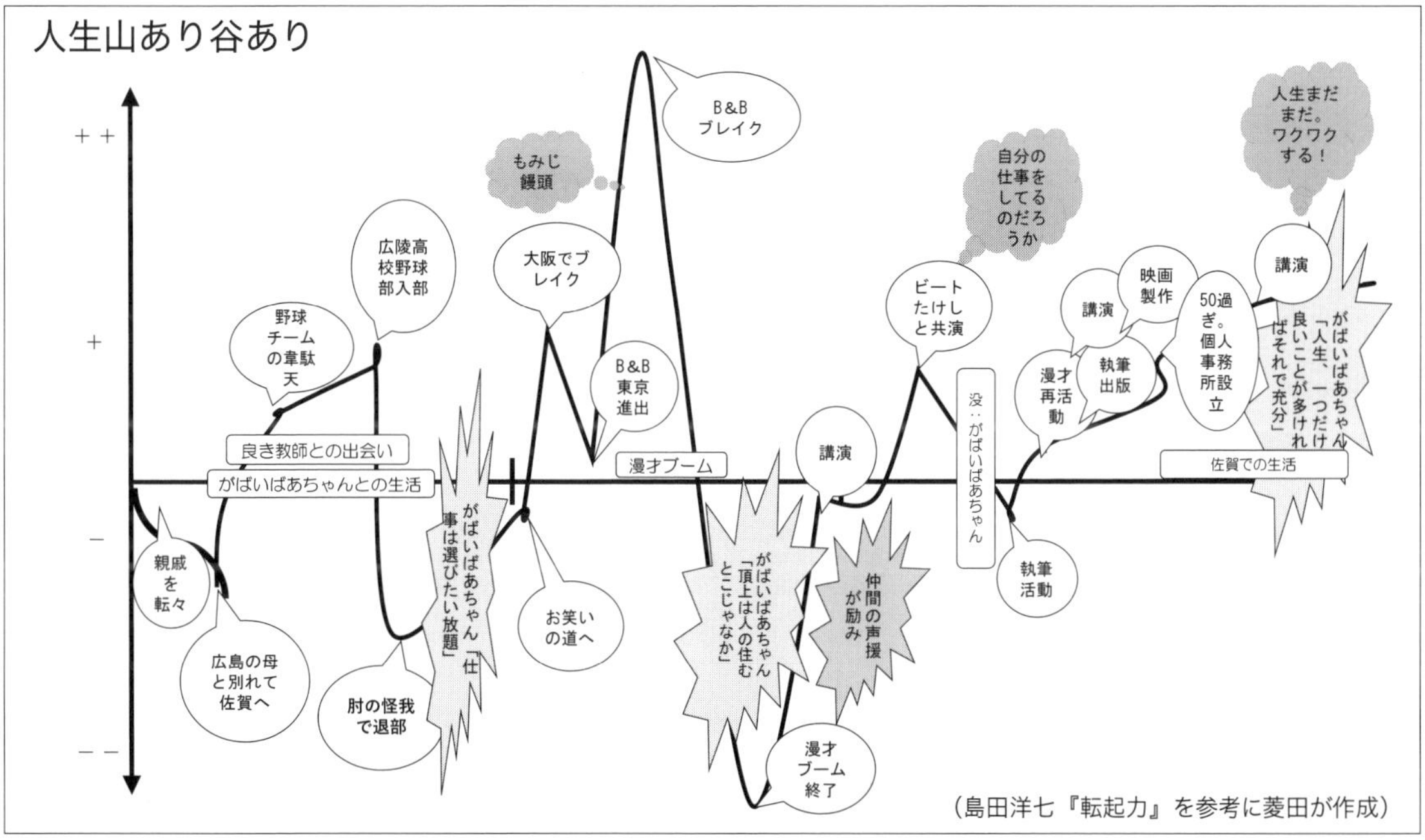

（島田洋七『転起力』を参考に菱田が作成）

動場でのダッシュを繰り返し、誰よりも速い足になった洋七さんの粘り強さと努力という力の存在でしょう。

第二の谷では、「野球選手にならんでも世の中には職業は一万種類もある。選びたい放題や」というおばあちゃんの言葉に触発され、八百屋で働きます。おばあちゃんゆずりの知恵と豊かなコミュニケーションで、「店を持たしたい」と言ってもらえる存在に。たまたま見たお笑いに自分の可能性を見出し、持ち前の粘り強さと努力で芸人の道を拓きます。

第三の谷では、おばあちゃんの「四年遊べ」の言葉どおり、無職で過ごします。しかし、同期のビートたけしや後輩の島田伸介という芸人仲間に諭され、ビートたけしと一緒に漫才に復活します。

一方で講演活動をし、「佐賀のがばいばあちゃん」が洋七さんを支えます。「俺みたいなアホは、これからどうなるんかなあ」「アホはそんなこと気づかんから大丈夫や」（笑）、「ばあちゃんは何でそんな前むきなん？」「後ろへは歩きにくかろうが」等、佐賀のがばいばあちゃんとの人生話のネタはつきません。この再起の物語は、島田さんの人生のギフトになりました。

ワーク「人生山あり谷あり」

逆境にあっても、その深い谷から抜け出るコツは島田洋七さんの話からつかんでもらえたかと思います。こうしたコツは第2部の「折れない心の処方箋」で伝えていきたいと思います。ここでのねらいは、その助走として、自分の人生を客観的にきちんと把握することです。

小学生では、自分を客観的に俯瞰する力は十分ではありません。無理のない範囲で取り扱ってください。

また、虐待を受けている子どもや病気や障害をかかえている子どももいます。その痛みをまずは教師が無償の愛で受け止めることが、人生を意味づける際の資源となるでしょう。このワークは個別指導にも有効にご活用ください。

1　私のターニングポイント

【目的】転機となる出来事（ターニングポイント）を思い出し、自分の山や谷を俯瞰する。

①横軸を時間軸とし、転機となる出来事を書き込んでいく。
②書き込んだ出来事を線で結び、人生曲線を描く。

2　再起の物語

【目的】他者との交流を通して人生曲線の大切な意味や教訓を導き出す。

①再起した者の立場で、自分の人生曲線を他者に物語る（他者に言いにくいことは言わなくてもよいことを伝える）。
②聞き手は次の質問をする。
・「経験から、何を学びましたか？」
・「これらの経験は、どんな意味を持っていたのでしょうか？」
・「俯瞰することで、共通しているものや大きな流れが見えますか？」
③自分の人生曲線を俯瞰し、大切な意味や教訓をまとめる。

〈参考文献〉
久世浩司『世界のエリートがIQ・学歴よりも重視！「レジリエンス」の鍛え方』実業之日本社、二〇一四年
島田洋七『佐賀のがばいばあちゃん』徳間文庫、二〇〇四年
島田洋七『転起力』創英社、二〇〇九年

人生山あり谷あり

Happiness Wave

名前（　　　　　　　　）

1　私のターニングポイント

これまでの年月を振り返り、うまくいったり、うまくいかなかったりした出来事（ターニングポイント）を書き入れてみましょう。横軸は時間軸です。

次にターニングポイントを曲線で結びましょう。

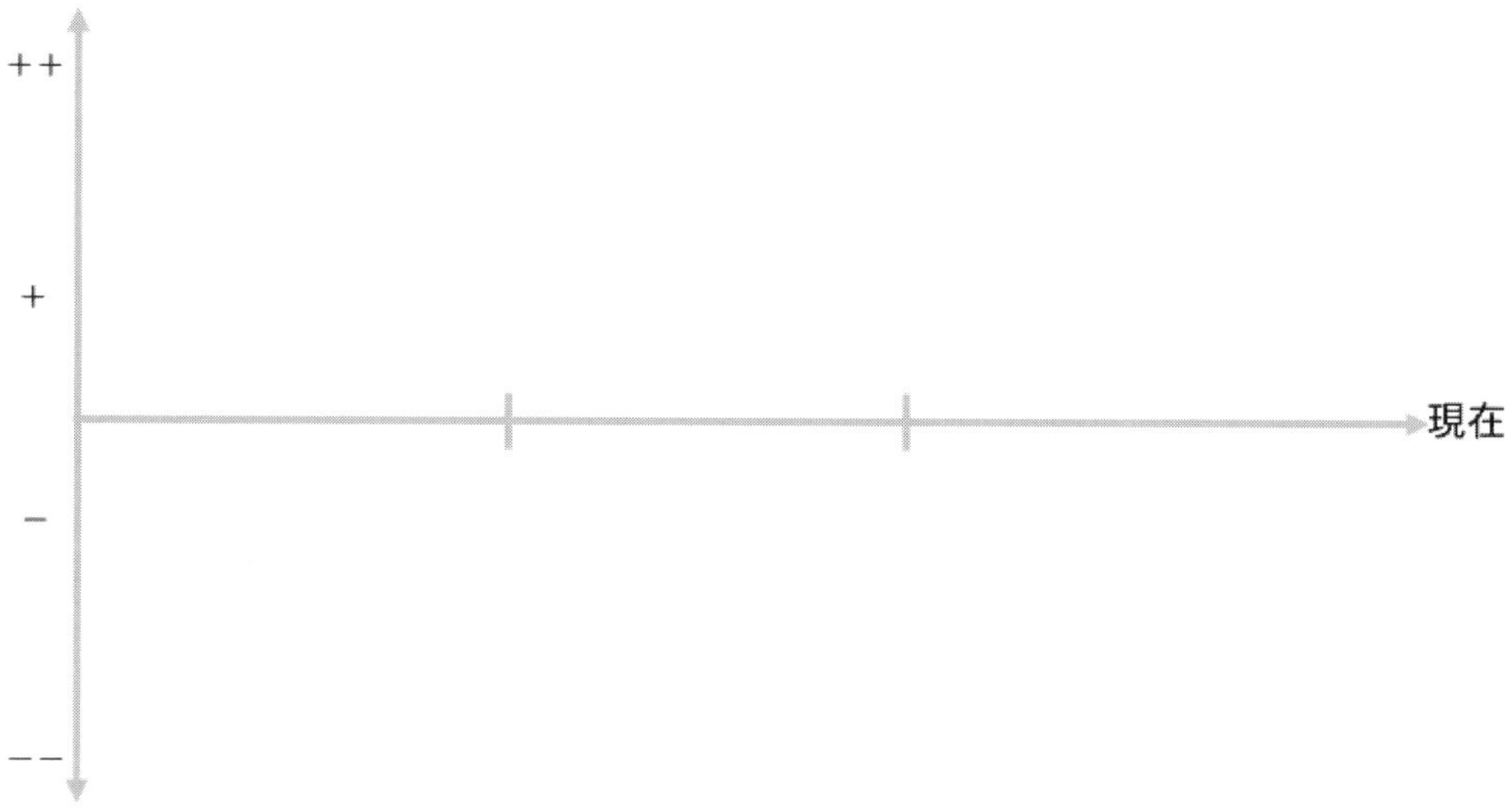
++
+
現在
−
−−

＊他の人が書いているのをのぞいてはいけません。

2　再起の物語

どのように谷から抜け出すことができたのか、谷から抜け出して山に登りはじめたときのことを思い出しながら、①②の欄を記入します。そのあと、グループで語り合い、最後に③の欄に自分の考えをまとめてみましょう。

言いにくいことは
言わなくていい
ですよ。

①経験から、何を学びましたか？	
②これらの経験は、どんな意味を持っていたのでしょうか？	
③全体をながめて、共通しているものや大きな流れが見えますか？	

文書ファイル配布
☆詳しくは奥付を！

幸せづくりの処方箋 その11

もう一つの働き方改革

「学校における働き方改革に係る緊急提言」（中央教育審議会初等中等教育分科会 学校における働き方改革特別部会、平成二九年八月）の「提言」の冒頭には、「人生一〇〇年時代」を見据えるとあります。つまり、我が国が健康寿命世界一の長寿社会を迎え、誰もがより長いスパンで、人生を再設計できる社会をつくるために、学習指導要領を改定し、人づくりをすすめると述べています。当然、教職員の働きなくして人づくりは成し得ず、よって、教員の多忙化や長時間勤務の改革を図ろうというのです。

具体的には、①「校長及び教育委員会は学校において『勤務時間』を意識した働き方を進めること」、②「全ての教育関係者が学校・教職員の業務改善の取組を強く推進していくこと」、③「国として持続可能な勤務環境整備のための支援を充実させること」とし、出退勤のカードシステムの導入や、長期休暇期間における一定期間の学校閉庁日の設定、ICTを活用した業務の改善、そして「チーム学校」。とりわけ、二〇二〇年に入って新型コロナウイルスの感染拡大に伴い、GIGAスクール構想がスピード感を持ってすすめられています。

もう一つの働き方改革

セリグマン博士は、病理を抱えている人が回復しても、その人が幸せになったかというとそうではなかったことに問題を抱き、ポジティブ心理学を設立しました。そして、人生に意味を見出すことが充実した幸福な人生を送る重要な要因であることを解明しました。

このことを踏まえて考えると、教職員の業務の負担を軽減したからといって、教職員の活力が生み出されるかというと、決してそうではないということに私たちは気づく必要があります。

前節の「幸せづくりの処方箋 その10」で紹介した「人生山あり谷あり」というワークを使って、幼稚園の園長先生や保育所の施設長さんを対象に、「幸せの処方箋 Well-Beingを創り出す力」というタイトルの研修を実施したことがあります。

「これまでの人生を振り返って、谷から山へ登り始めたときの成功体験を語ってみましょう」と私が言うと、「えっ！　成功体験？」と緊張感と困惑が…。そこで、私のちょっとした成功体験の語りを聞いてもらうと、みなさんの頭の中は困難を乗り越えてきた自分の物語が紡ぎ出されていきます。

「では、みなさんもどうぞ」の合図で、遠慮がちな声がこぼれだします。グループのメンバーが語りに耳を傾け、語り手の強みをフィードバックしていきます。すると驚いたことに、困難がその方の財産として輝きだすのです。響き合う声に笑い声も加わり、温かな学びの場が生まれます。参加者の感想を紹介しましょう。

・子どもたちのために心血を注いで頑張ってきた。もっと努力しなければと自分を追い込むばかりでなく、時には立ち止まって自分をほめてあげたいと思った。今日ばかりは自分に拍手をしてあげたい。

・自分自身の生活を振り返り、この先、どんなふうに仕事、家庭、人生を設計していけばよいかを考えるよい機会となり、学びとなりました。幸せな気持ちです。

・成功体験を語ることには困りましたが、何でも成功体験として語れることを学びました。つらい体験が「よい経験」に代わりました。

・幸福は、困難に立ち向かう中、苦労して歩んでいく中にこそ築かれ、また感じていけることに気づかされて本当によかった。

・この研修を受けて、自分自身の物の見方や考え方を見つめ直すことができました。一人一人が輝ける職場や人材づくりの指針を得ることができました。

・愛され認められることが力となり、組織としての力もアップすることが再確認できました。いいところを見つけて、よい人間関係の中で〝わくわく〟した気持ちで働ける環境づくりを進めます。

これらはほんの一部の方の感想ですが、過去の成功体験に着目したり、他者による温かなフィードバックをもらったりすることで、参加者自身の内側に活力が生まれていることがわかります。業務の状況が変わらない中でも積極的に仕事に取り組んでいこうとする声をたくさん聴かせていただくことができました。

未来は「今」の積み重ね

「人生山あり谷あり」は、自分史の中に宝物を見つけ、活力を生み出すワークです。過去の積み重ねにある今の自分が、どこに向かって取り組んでいるのかに着目します。

今の自分は突然誕生するわけではありません。意図しているのか意図していないかは別として、今後どのように日々を送ることになるかは、今の自分に着目することで見えてきます。

例えば私自身のことを考えると、今の教職大学院で勤務することを意図して、さまざまな活動に取り組んでいたわけではありません。しかし、ピア・サポートに惹かれ、その瞬間瞬間を意識して大切にして取り組んできた延長に、今の教職大学院があるのだと思います。教員経験はもちろん、大学院での学び、大学での教鞭、管理職の経験、そしてピア・サポート学会の常任理事、教職大学院での勤務のすべてが、その瞬間瞬間の積み重ねです。

　今の自分に着目し、自分が何を欲しているかを意識することができれば、思考に影響し、その欲求充足のための行動が加速されるはずです。「もう一つの働き方改革」にチャレンジしてみましょう。

ワーク「未来は『今』の積み重ね」

　人はみんな、それぞれの大事な価値を七つの領域（図）に分かれて持っているという考え方があります。何か一つ、あるいは複数の領域にしっかりとかかわり、その領域で成長し、何かを成し遂げたいと思います。例えば、マザー・テレサは「心と精神性」の領域、ビル・ゲイツは「お金」の領域に価値を置いていると言えるでしょう。

　自分が価値を置いている領域に関する情報、人、場所、出来事に対する記憶は磨かれていくと言います。実際にその価値が思考や行動に影響を与え、未来の自分を引き寄せるのです。望むものにかかわることで有意義で充実した人生を送ることができるのです。

【目的】何に時間やエネルギーを費やし、関心を払い、どんな環境にいるかに注目することで、自分が価値を置いている人生の領域を見つける。

1．①～⑫の問いの答えを二つずつ表に書き込む。

2．書き込んだ答えが七つの領域のどれにあてはまるのか、右枠にそれぞれ数字で記入する。

3．どの領域に取り組んでいるのかを概観し、気づいたことを記入する。

人生の目的と７つの領域

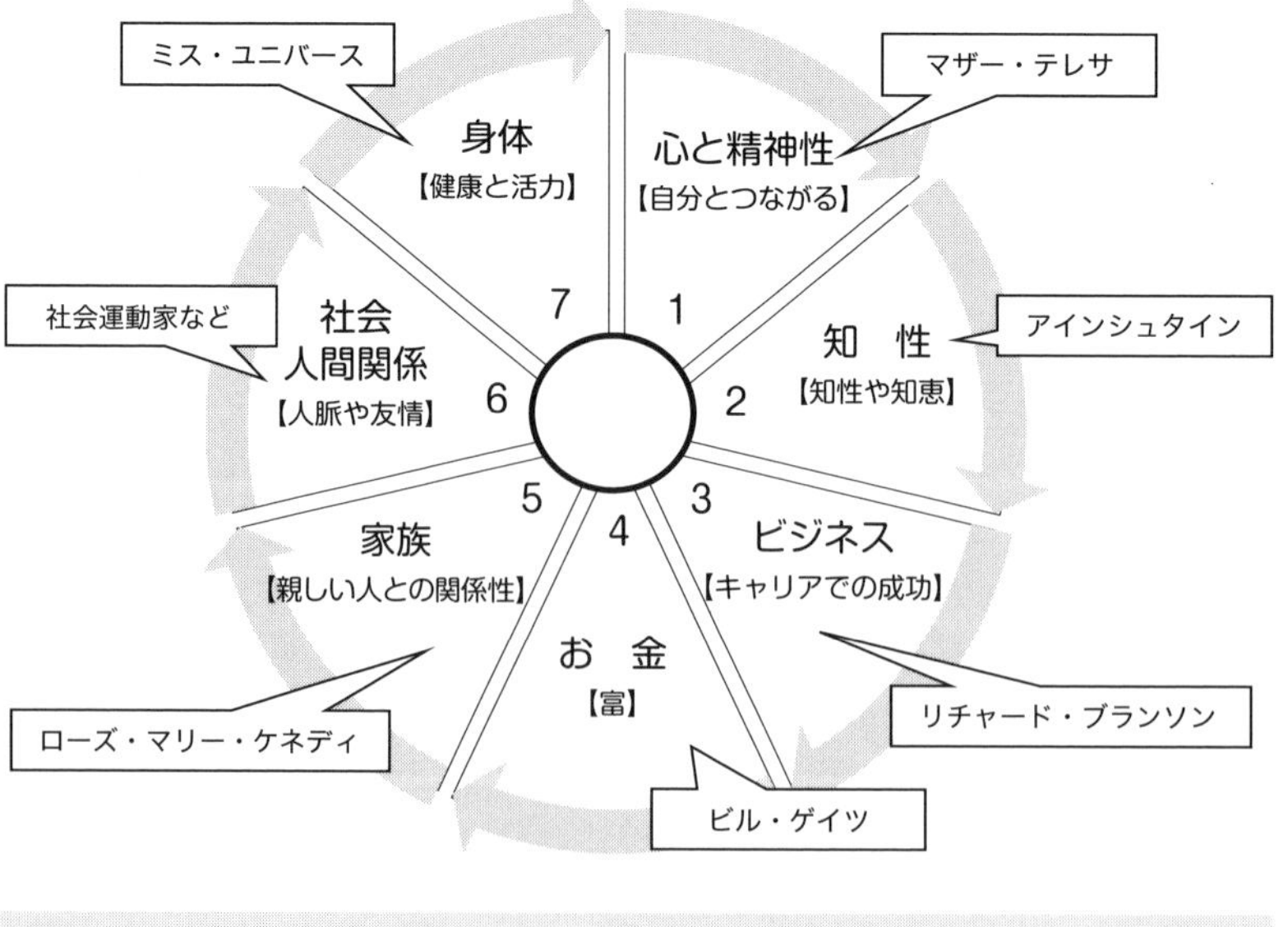

〈参考文献〉

マーティン・セリグマン（宇野カオリ監訳）『ポジティブ心理学の挑戦』ディスカヴァー・トゥエンティワン、二〇一四年

ドクター・ジョン・F・ディマティーニ（成瀬まゆみ訳）『ザ・ミッション―人生の目的の見つけ方』ダイヤモンド社、二〇一二年

大野雅之『ＭＶＰマネジメント』（講座資料）メビウス人材育成グラジュエートスクール、二〇一三年

Happiness Wave

未来は「今」の積み重ね

～人生７つの領域～

名前（　　　　　　　　）

①～⑫の質問に２つずつ当てはまることを書き入れ、右図の人生の７つの領域のどの領域に当てはまるかを考え、右枠にその領域の数字をそれぞれ書き入れましょう。

最もたくさんあった領域が、あなたが求めている人生の領域にある“何か”です。つまり満たされていないと感じている願望とも言えます。

《問》作成して気づいたこと、感じたことは何ですか？

① 身近にあるものは何？		⑦ いつも頭の中にあるものは何？	
② 一日をどのように過ごしているの？		⑧ どんなビジョンやイメージを持ってる？	
③ 何をしているときに元気が出る？		⑨ どんな独り言を言っているの？	
④ 何にお金を使っているの？		⑩ どんな話題が好きですか？	
⑤ きちんと整理しているのは何？		⑪ どんなことに感動するの？	
⑥ スキルを積んでいることは何？		⑫ どんな目標を持ってるの？	

文書ファイル配布
☆詳しくは奥付を！

幸せづくりの処方箋　その12

何を選択するかは価値観が決める

大地に根を張り、太い幹の先には青々とした葉をつける木々。そんな木のぬくもりを感じるために、幹に手をまわしてハグしたくなります。木には生命の力強さを感じずにはいられません。

ロバート・ディスワス博士は、木の根を人間の〝価値観〟に喩えています。博士は、木の幹はその人の強みや道徳的な特性であり、行動として現れるので目に見える。しかし、価値観は木の根のように土の中にあるので、なかなか普通では目に見えないものだと伝えています。

価値観が行動を決める

人は価値観によって土にある必要なものを取捨選択していくので、同じ地に根を張っていたとしても付ける葉や実は異なってきます。個性と表現してもいいのですが、その個性は見かけではなくて、根っこの価値観によることに気づくことが大切です。

ポジティブ心理学は「人間がそのものの良さのために何を選ぶのか」ということに尽きると言われています。日々の行動が自身の価値観と一致したときに、私たちは心から充足を感じることができ、真の納得感を得ることができるのです。

例えば、「個人の主体性」を第一とする価値観を持っていたら、トップダウンのマネージメントには違和感を持ち、ストレスがたまるでしょう。そんな環境を変えるために主体的に動くのではないでしょうか。また、有事において対応方針が変わったとしても、あなたの価値観が「何事にも挑戦し、経験から学ぶ」であれば、前向きにチャレンジしていくことになるのではないでしょうか。

ですから、これからの人生を考えるうえで重要なのは、自分自身の価値観を明確にすることです。その価値観があなたを望む人生に導いてくれるでしょう。もしくは、望む人生のブレーキになっていると気づいたら、その価値観を手放して新しい価値観を手に入れることにつながるでしょう。

ワーク「価値観との出会い・発見」

【目的と効果】「価値観ババ抜き」というエ

クササイズ（進め方は資料1を参照。カードは資料2を利用）をとおして、以下のような体験から自分の価値観を発見する。

・**選択する**　相手から取得したカードを自分の価値観として残すべきか、どの価値観を捨てるのか、フィールド（場）からどのカードを選ぶのか、選択を繰り返すことで自分の価値観が明確になる。

・**心にフィットする**　今の手持ちのカードではどこかまだ満ち足りない不全感、新しい価値観が自分のものになったワクワク感、大事な価値観を手放さざるを得ない心の痛みが感じられる。

・**自分との出会い**　手にしたカードに新しい自分の可能性を見出す。異なった視点のカードが三つ揃うと、ようやく自分らしく感じられたりする。ある価値観を捨てると、とても気持ちが軽くなったりする。

　エクササイズの最後に、それぞれの手持ちのカードを机の上に広げ、なぜこの価値観を大切にしているのか、日常生活にどのように活かされているかを交流する。

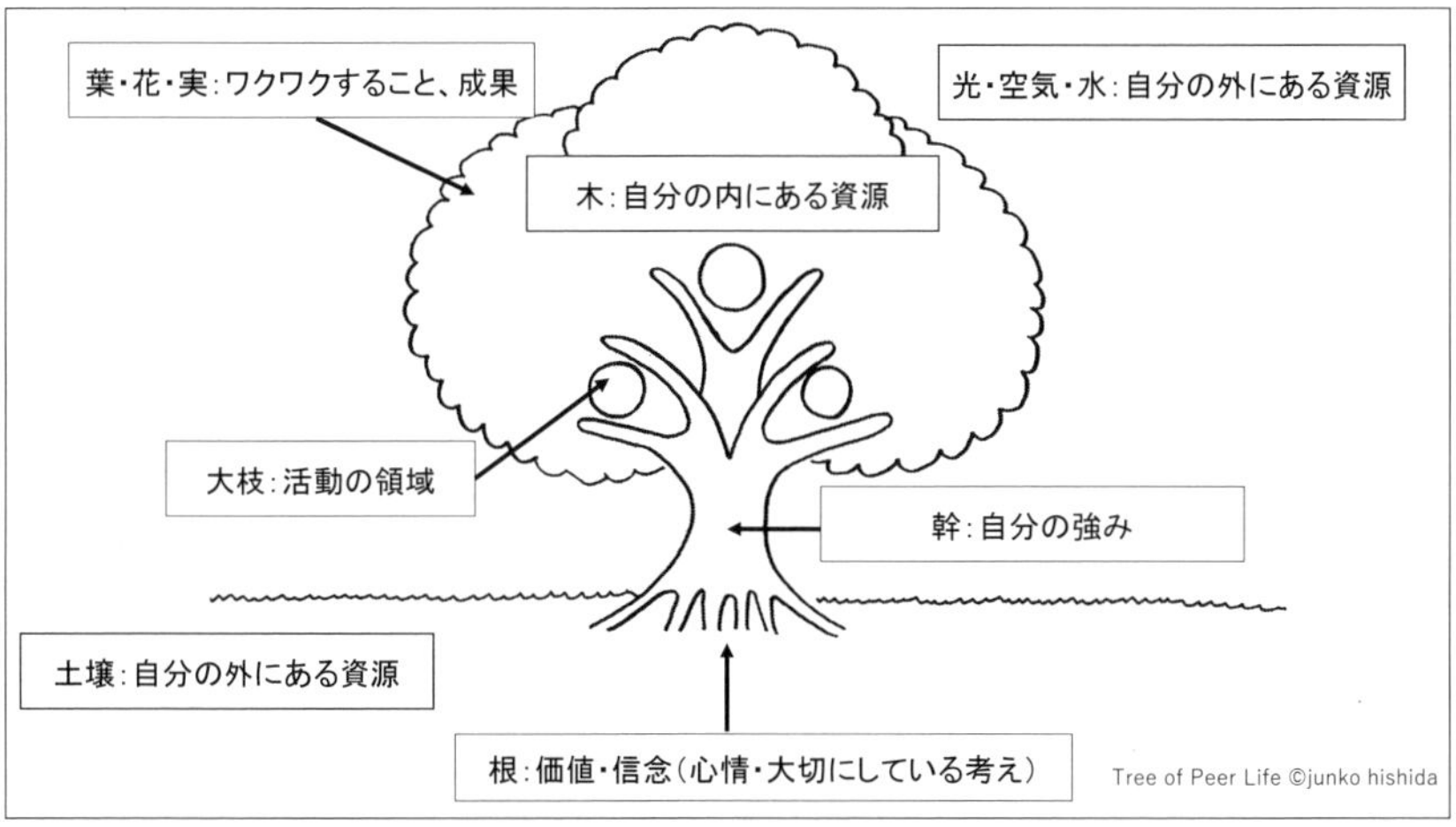

資料1　「価値観ババ抜き」の進め方

①４～５人のグループになります。
②カードを表にして机の上（場）に広げ、自分が大切にしている価値観の書いてあるカードを５枚ずつ選ぶ。
③ジャンケンで一番になった人から、右隣りの人の手持ちカードから１枚抜く（カードを抜かれる人は、「Ｎｏ！」と４回まで断ることができる）。
④自分の手持ちカード６枚の中から「〇〇を捨てます」と言って、場に１枚カードを捨てる。
⑤カードを抜かれた人は、手持ちカードが４枚になったので、場から「〇〇をとります」と言って、１枚カードを補充する。
⑥補充した人が、右隣の人の手持ちカードから１枚抜く。

＊以下同じ手順で、４～５巡、繰り返す。
＊最後に交流するときは、手持ちのカードに自分が選びたかったカードが入っていなくても、そのカードを持っているものとして進行してよい。

By The Center for Positive Innovation

〈参考文献〉
マーティン・セリグマン（宇野カオリ監訳）『ポジティブ心理学の挑戦』ディスカヴァー・トゥエンティワン、二〇一四年
ポジティブイノベーションセンター【ビジネスポジティブ心理学講座】基礎コース」二〇一七年
ロバート・ディスワス・ディーナー「Tree of LIFE 講師認定講座」ポジティブサイコロジースクール、二〇一六年

価値観カード（72枚）

真　実	勇　気	自　由	調　和	優雅・上品	刺　激
正　直	喜　び	やさしさ	美	心のオープン	ユーモア
健　康	信　頼	愛	朗らか	楽しむ	サポート
リーダーシップ	名　声	想像性	自分らしさ	自　尊	励ます
権　威	強　さ	希　望	情　熱	自　信	認める
活　躍	クリエイティブ	バランス	好奇心	自己実現	気が付く
受け入れる	プライバシー	教える	輝　き	学　ぶ	没　頭
誠　実	成　長	目的意識	直　感	ポジティブ	積み重ね
思いやり	支　配	個　性	進　化	努　力	寛　容
共　感	富　裕	完　璧	達成感	チャレンジ精神	未　知
忍　耐	道徳・モラル	正　義	貢　献	遊び心	ベスト
安　定	透明性	一貫性	感　動	冒険心	共　働

価値観との出会い・発見

Happiness Wave

名前（　　　　　　　　　　　　）

「価値観ババ抜き」
をやってみよう！

手元に最後に残った“あなたが大切にしている価値観”を
次の四角に書き込みます。メインとなるものは真ん中に書き入れましょう。
※他の人が持っているカードでも、あなたが本当にほしいと
　思っている価値観があれば、それを書いてもオッケーですよ。

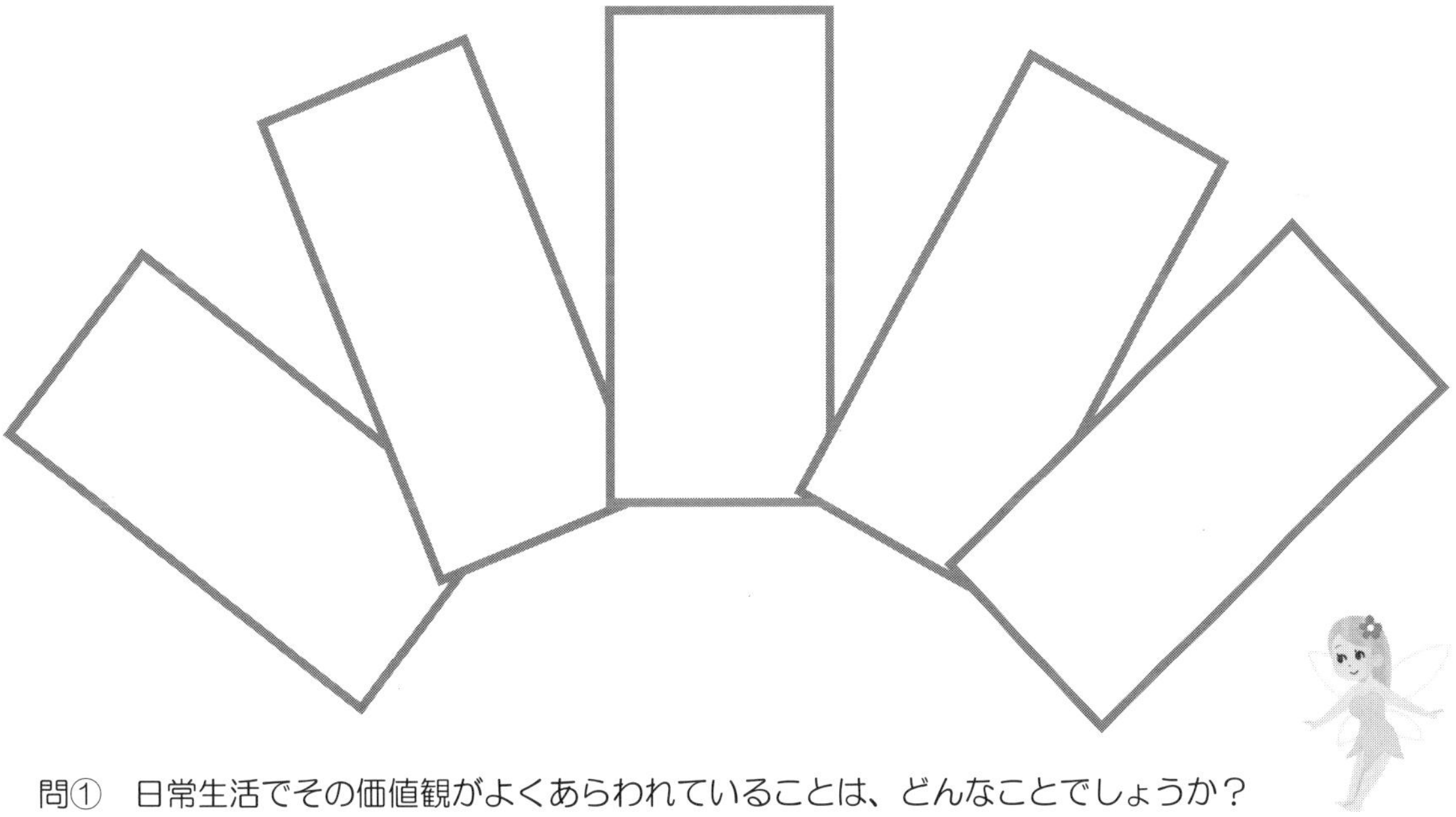

問①　日常生活でその価値観がよくあらわれていることは、どんなことでしょうか？

［　　　　　　　　　　　　　　　　　　　　　　　　　］

問②　あなたが今よりも幸福になるために、他に必要な価値観や手放したほうがよい価値観を
　探してみよう。

［　　　　　　　　　　　　　　　　　　　　　　　　　］

第2部

折れない心の処方箋

折れない心の処方箋 その1

レジリエンス
①必要性と全体像

科学的研究の成果を教育に

新型コロナウイルスの感染拡大は、安心・安全な場であるべき学校を閉じざるをえないという前代未聞の状況を引き起こしました。人と人との触れ合いを通して豊かな人間性を育むという、教育がこれまで大切にしてきたことが立ち行かない状況に見舞われたのです。経済的な困難などストレスフルな家庭の中で、子どもたちが大きな影響を受けたのは想像に難くありません。一八歳以下の自殺者数も急増しました。

一方で、このコロナ禍においても、思いやりや感謝、苦しい中で知恵をしぼり新たな方法で発展しようとする挑戦、まずは困難な状況を受け止めて一歩進む力が際立つ側面もありました。困難に屈服するのか、さらに成長するのかは、自分の選択にあるのです。

ポジティブ心理学の創始者であるセリグマン博士は、「ポジティブ心理学は個人とコミュニティを繁栄させる要素を発見し促進することを目指した、人の最適機能に関する科学的研究である」と述べています。この科学的研究の成果を教育に活かす時代が到来したのです。

困難や逆境を乗り越える力「レジリエンス」

レジリエンス（resilience）は、もとは物理学の用語で、「外力による歪みを跳ね返す力」として使われ始めました。そして、生態系の環境変化に対する「復元力」を示すなど、多くの分野で使われています。人の精神的な回復力を示す言葉としても使われ、全米心理学会は「逆境や困難、強いストレスに直面したときに適応する精神力と心理的プロセス」と説明しています。

レジリエンスは落ち込まないようにする忍耐やがまん強さのことではありません。竹のように外界から強い力が加わっても、しなやかに復元しながら成長していくイメージです。さらに、その逆境があったからこそより成長し繁栄する姿も包含しています。つまり、自身の好調な

図3　レジリエンスのイメージ

回復力としてのレジリエンス（適応力、順応力）　抵抗力としてのレジリエンス（元々の力）　再構成力としてのレジリエンス（変化後の力）

宇野カオリ『レジリエンストレーニング入門』（Lepore & Revenson.2006;Meredith.et al.2011）

状態を生み続ける力のことを言うのです。（図3参照）

そのコツは、ネガティブな感情を切り捨てるのではなく、ネガティブな感情から自分が本当に望んでいることを見つけて大切に扱ってあげること。そして、ネガティブな感情を肯定的に活用し、自分を愛する選択をするような考え方や態度を引き出すことを大切にしていると言えます。レジリエンスは、精神的に苦しむ人のメンタルケアで終わらず、困難や逆境が未来に待っていたとしても、人生を自分で幸せに変えることができるという信頼を培うものなのです。

レジリエンスには「1底打ち」「2立ち直り」「3教訓化」の三つのステージがあります。

まずは落ち込みを早くストップして落ち込みから抜け出し、下降を底打ちさせる段階（図4の1）。

次は、そこで終わりではなく上方向へ向けて這い上がる段階（図4の2）。

最後に、精神的に痛みを感じるつらい体験から意味を学び、成長テクニックを習得する段階（図4の3）。

私は、最後の「教訓化」の段階により「この困難はギフトだ」と思えることで、これまでにない人生をつくりだしていく人たちがたくさんいることに気づきました。

シンガポールの学校を視察（二〇一六年）したとき、すべての学校で生徒のレジリエンスを向上させ、リーダーシップ力を高める教育が実施されていました。「人が資源」という理念のもと、活力ある学校文化と、自信にあふれた先生方の姿が印象的でした。

私たちは「辛抱強さ」を美徳とする日本の文化から抜け出し、しなやかで逆境や困難に打ち勝つレジリエントな人づくりを進める必要があるのではないでしょうか。

第2部「折れない心の処方箋」では、レジリエンスを養う七つのテクニック（図4参照）について順に紹介していきます。

図４　レジリエンスの３つのステージ

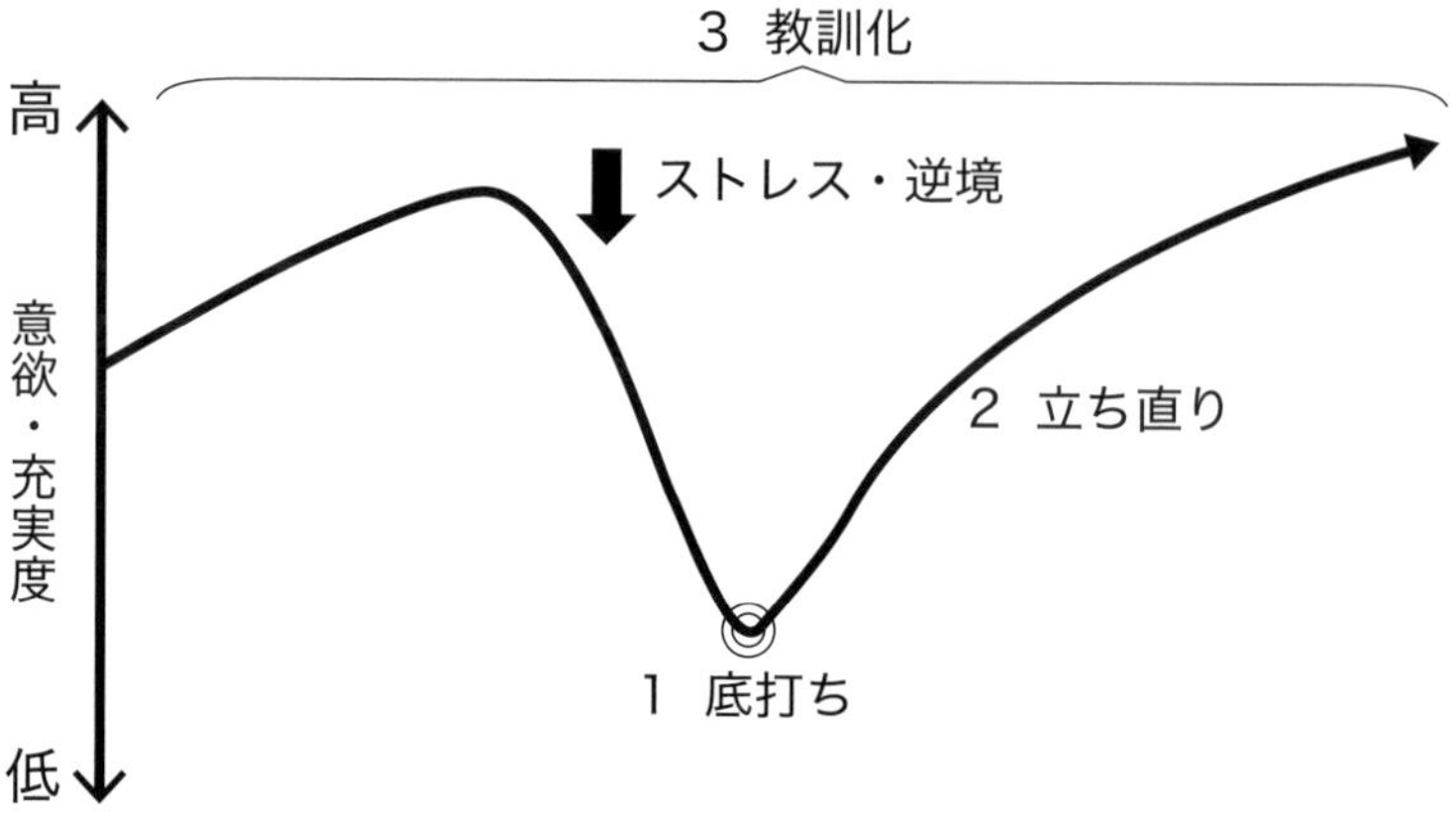

ステージ	レジリエンス・テクニック
１　底打ち	①ネガティブ感情の悪循環から脱出する ②役に立たない思い込みを投げ捨てる
２　立ち直り	③やればできるという自信を科学的に習得する ④自分の強みを活かす ⑤心の支えとなるサポーターをつくる ⑥感謝のポジティブ感情を高める
３　教訓化	⑦痛い体験から意味を学ぶ

ワーク「レジリエンスを考えよう」

１　私の落ち込み・凹み

【目的】自分自身のレジリエンスに気づく。

【方法】ワークシートに取り組みやすいように、担任が自分自身の体験を語るなど、例を示す。①〜④の問いに答えながらワークシートに取り組む。体験した〝落ち込み〟を、「身体」「感情（気持ち）」「考え」の三つの視点で思い出しながら、吹き出しに書き込む。

＊ネガティブな体験が人を成長させること、人間には誰もが困難を乗り越える力があることを伝える。

＊また、レジリエンスを高める学習を継続し、配慮が必要な子どもたちへの個別ケアも大切。

２　レジリエンスの強い人ってどんな人？

【目的】レジリエンスの理解を図る。

【方法】イメージしやすいように、オリンピック選手の映像や写真、エピソードなどを用いたりして、工夫を行う。困難や逆境に強い人を想像し、なぜそう思うのかを書き出す。また、「柔軟性」「チャレンジ」「あきらめない」など、困難や逆境に強いことを表現するイメージを、言葉や絵で表現する。

＊レジリエンスにはいろいろな要素があることを理解する。

＊レジリエンスは生まれ持った特性ではなく、経験を積むことで誰もが習得することができるようになるのだということをつかむ。

〈参考文献〉

久世浩司『「レジリエンス」の鍛え方　世界のエリートがＩＱ・学歴よりも重視！』実業之日本社、二〇一四年

鈴木水季「レジリエンス・トレーナー養成講座」テキスト、ポジティブサイコロジースクール、二〇一五年

宇野カオリ『逆境・試練を乗り越える！　レジリエンス・トレーニング入門』電波社、二〇一八年

Happiness Wave

レジリエンスを考えよう

困難や逆境を乗り越え、成長していく力をレジリエンスと言います。

名前（　　　　　　　　）

1　私の落ち込み・凹み

①あなたが落ち込んだり凹んだりしたことを思い出してください。
何があったのですか？

②そのときの落ち込み度数を最高が10点として、何点ぐらいでしたか？
落ち込んだ数だけ右のバーに色を塗りましょう。

1
2
3
4
5
6
7
8
9
10

③イラストの人の周りに、そのときの身体の状態、気持ち、考え（思考）を
吹き出しにして書き込んでいきましょう。

④それは回復しましたか？　→　はい　どちらでもない　いいえ

回復したとしたら何が回復に役立ったのでしょうか。

2　レジリエンスの強い人ってどんな人？

①身近な人や有名人でレジリエンスの高い人は
誰だと思いますか？

②なぜ、そう思ったのですか？

③右の四角の中に困難や逆境に強いことを表現
するイメージを言葉や絵で書き出してみましょう。

文書ファイル配布
☆詳しくは奥付を！

折れない心の処方箋 その2

レジリエンス
②理解編

「私たちの誇りは失われてしまいました」。これは、ある大きな問題が起こってしまった地域の校長先生から、電話でお聞きした言葉です。

今一度、子どもたちをはじめ、学校や保護者、地域の方々の笑顔を取り戻したいという校長先生からの願いを受け、「一人一人が幸福な人生を自ら創り出していくために」と題した講演をお引き受けすることにしました。

「希望」が落ち込みを底打ちする

私が悩んだ末に用意した内容は、「折れない心を育む秘訣」「折れない心を支える基本的自尊感情を育む秘訣」についてです。三人組になり、落ち込んだり凹んだりした経験を語り合い、メッセージを受け取り合う活動を行いました。

後日、校長先生から「私たち大人ができること、しなくてはならないことは何かという答えが見つかりました。みんなで答えを共有できたことが何よりうれしいです」というお便りとともに、学校だよりや参加者の方の感想をいただきました。一部、ご紹介します。

〈保護者〉うわべではない、守るばかりではない、何が大切かよくわかりました。親として、子どもが地に足をつけて成長できるよう、今一度、見直したいです。帰って子どもたちの話をゆっくりと聞いてあげたいと思いました。教室で友達同士が「ありがとう」と言い合う姿を見てみたいです。

〈地域の方〉一人一人が生きていく限り、いくつかの逆境に出会うことも少なくない。でも、その苦しくて悲しいとき、気の合った友達に悩みを話し共感しあい、感謝して後の人生を楽しく生きていきたいものです。

〈教職員〉無条件の愛。振り返ると条件付きの愛情が多いことに反省させられました。どんなあなたも大好きだよと無条件の愛を注げる大人でありたいと思います。逆境を乗り越えていける子に育つように、今日のお話を聞いて私にも何かできるかもと、心新たに子どもたちにかかわっていきたいです。

みんなで思いを共有し、子どもたちの幸せのために取り組むべきことが明確になれば、困難があっても元気になれる。つまり「希望」が落ち込みを底打ちさせ、レジリエンスの力を発揮する動機づけになるのです。

子どもたちを取り巻く学校やコミュニティとしては、こうしたレジリエンスを高める関係性を築くことが、とても重要であると実感しています。

そこで、折れない心（レジリエンス）を育むためのレッスン用のテキストとワークシートを用意しました。ぜひ、これらを活用して取り組んでみてください。

レッスン「レジリエンスと私の人生」

【目的】

レジリエンスを理解し、定義づけすることができる。

【方法】

①レッスンの目標を説明する。「逆境や困難に強い人は誰か」と質問をする。そして、なぜそう思ったのかをたずねる。

②テキスト「レジリエンスを理解する」を配付し、レジリエンスの定義をわかりやすく説明する。

③ワークシートを配付し、1の質問項目にチェックすることを促す。

＊これは、「自分のレジリエンスレベル」を知るための質問で、Ｙｅｓの回答が多いほどレジリエンスの力が高い。

④①で挙げられたレジリエンスの高い人の話や、③でチェックしたレジリエンスレベルの項目とあわせて、テキストにあるレジリエンスの三つのステージ「底打ち」「立ち直り」「教訓化」とレジリエンス・テクニックについて理解を深める。

⑤ワークシートの2に取り組み、自分の言葉で表現したレジリエンスをグループで交流し、全体で発表する。

＊板書するなどして、レジリエンスのイメージを膨らませるようにする。

＊失敗したり落ち込んだりすることは誰もが経験することで、経験しないようにすることがレジリエンスではないことを伝える。

⑥ワークシートの3で、レジリエンスの力が高まると、「現在」そして「一年後」（二年後、三年後でもよい）に、どのような生活や人生になるかを想像しながら記載するように促す。

⑦レッスンのまとめを行う。

＊レジリエンスを表現した本や歌、俳句などを探すことを宿題にして、その中にレジリエンスのどのテクニックが発揮されているかを見つけるように促す。

〈参考文献〉
足立啓美・鈴木水季・久世浩司（イローナ・ボニウェル監修）『子どもの「逆境に負けない心」を育てる本』法研、二〇一四年
鈴木水季「ＳＰＡＲＫレジリエンス指導書」ポジティブサイコロジースクール、二〇一五年

「自分が弱いと思えるときは、自分が強くなりたいという意思があるとき。だから、自分は逆境、自分の弱さが見えたときが好き」　羽生結弦（はにゅうゆづる）

フィギュアスケートの羽生結弦さんが平昌（ピョンチャン）オリンピックで金メダルを獲得したとき、「自分が弱いと思えるときは、自分が強くなりたいという意思があるとき。だからこそ強くなりたいんだなと思って一生懸命練習して頑張っている。自分は逆境、自分の弱さが見えたときが好き」と発言しています。逆境を肯定的にとらえているのです。

平昌での金メダルまでの道のりはどのようなものだったのでしょうか。

羽生結弦さんは仙台市生まれ。４歳でスケートを始めた当初の目的の一つは、喘息を克服すること。そして東日本大震災の瞬間、彼はリンクの氷の上にいました。生まれ育った町が崩壊し、このままスケートを続けていていいのかと苦しみましたが、選抜高校野球で全力で闘う同級生の姿を見てスケートを全力で続けることを決意したそうです。

華々しい結果も出れば、結果の出ない日々も。中国上海での直前練習中の正面衝突での怪我やオリンピックを前に腹痛による手術、右足首の損傷と、怪我や病気との闘いの末の金メダルでした。

テキスト　レジリエンスを理解する

「レジリエンスとは、逆境や困難、強いストレスに直面したときに適応する精神力と心理的プロセス」（全米心理学会）

つまり、どんな状況でも「自分の人生は自分で変えることができる」とする姿勢のことです。

レジリエンスは生きることを支える力です。そして、自分で育てることができます

レジリエンスには３つのステージがあります。傷ついたり落ち込んだりすると、なかなか元気を回復できない状態が続き、そして心や身体が悲鳴をあげて病気になることもあります。なので、今以上に落ち込まないように底打ちする必要があり、そのテクニックが①②です。底打ちしたら次に、そこから立ち直るためのテクニックが③～⑥です。最後に、今回のことを振り返り、そこから意味を学ぶ成長するテクニックが⑦です。

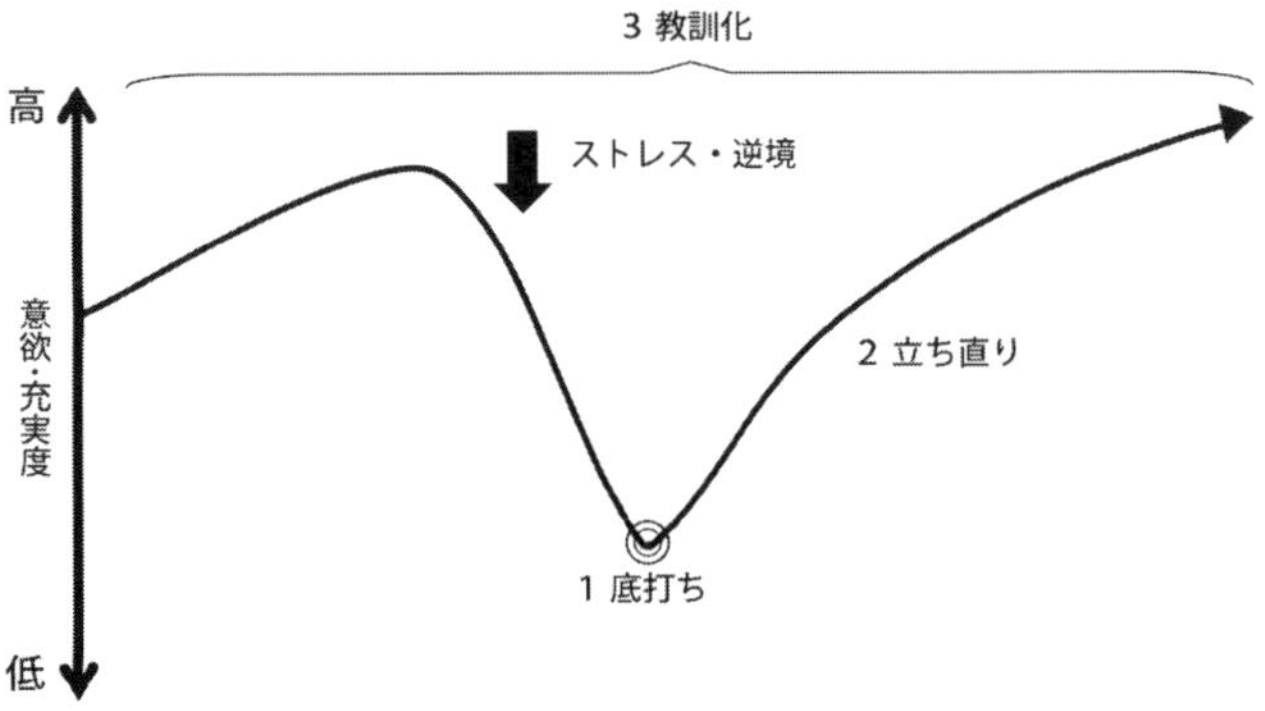
3 教訓化
高
ストレス・逆境
意欲・充実度
2 立ち直り
1 底打ち
低

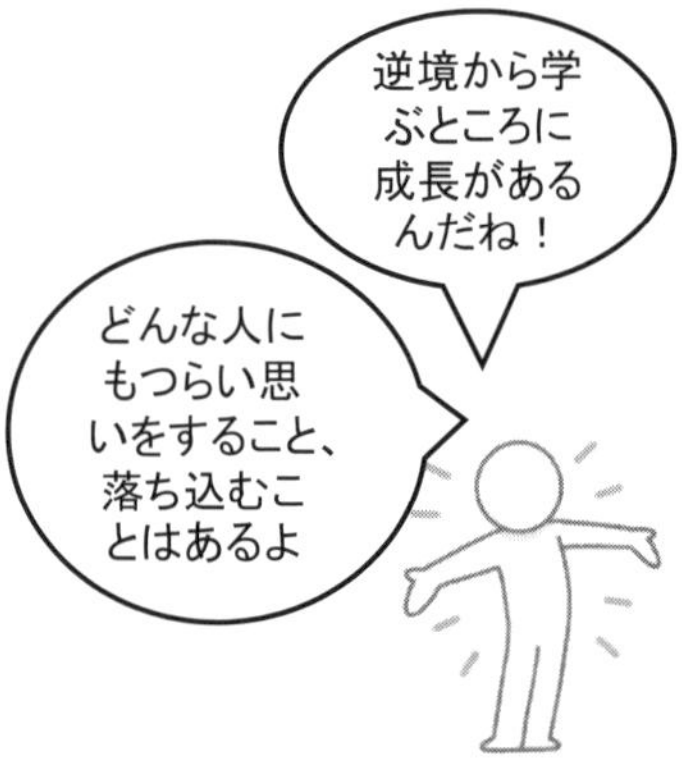
逆境から学ぶところに成長があるんだね！
どんな人にもつらい思いをすること、落ち込むことはあるよ

ステージ	レジリエンス・テクニック
1　底打ち	①ネガティブ感情の悪循環から脱出する【13・14・16】 ②役に立たない思い込みを投げ捨てる【5・7・8・9】
2　立ち直り	③やればできるという自信を科学的に習得する【2・10・11・12】 ④自分の強みを活かす【5・6・7・8・9】 ⑤心の支えとなるサポーターをつくる【1・3・4】 ⑥感謝のポジティブ感情を高める【13・14・15・16】
3　教訓化	⑦痛い体験から意味を学ぶ

【　】の中の数字はワークシートの1の質問項目を示しています。

Happiness Wave

レジリエンスと私の人生

困難や逆境を乗り越え、成長していくための力について考えよう

名前（　　　　　　　　）

1　次の問いにYesかNoかで答え、チェック欄に○をつけましょう。

	Yes	No
1　たとえ何が起ころうと、私には信頼でき、私を愛してくれる人がいます		
2　私には、正しいことを行う方法を見せて教えてくれる人がいます		
3　私には、私が物事を自分なりの方法で学ぶように望んでいる人がいます		
4　私には、困っているときに助けになってくれる人がいます		
5　私は、他の人から好かれ愛される人です		
6　私は、自分の強みやよさを毎日使うことができます		
7　私は、自分が行うことに責任をもちます		
8　私は、物事がきっとうまくいくと思っています		
9　私は、他の人にいろいろなことを話すことができます		
10　私は自分が直面した問題の解決方法を探すことができます		
11　私は、やるべきではないことをやりたいと思ったときに、思いとどまることができます		
12　私は、難しい状況から立ち直ることができます		
13　私は、趣味をもっており、それをするのが好きです		
14　私は、楽しい状況で、自分を楽しむのが好きです		
15　私は、他の人に良いことを行って、他の人に関心を示すのが好きです		
16　私は、友達と笑うのが好きです		

質問項目はGrotbergのレジリエンス研究を参考につくり直したものです。

2　（　　　　）の中に言葉を入れて、レジリエンスをあなた自身の言葉で表現してみましょう。

“レジリエンス”を、たとえるとすると、
（　　　　　　　　　　　　　　　　　　　　　　　　　　　）
のようなものです。

3　レジリエンスが高まれば、あなたの生活や人生はどのようになると思いますか？

現　在	（　　）年後

折れない心の処方箋 その3

ネガティブ感情の底打ち
「気晴らし」編

中学校で担任をしていたころ、ある生徒とよい関係が結べず、何をしていてもその生徒の顔や言葉が頭をよぎり、夜も眠れず、涙で枕を濡らしていた日々がありました。

同じことを意図せず何度も繰り返し考えることを反芻といいますが、特にネガティブ感情は反芻し、頭や心をのっとっていきます。

ネガティブ感情を底打ちする

なぜ、ネガティブ感情はそれほど強いインパクトをもたらすのでしょうか。それは生存するために必要な危険を察知する力が人の遺伝子に組み込まれているためとも言われます。危機に備えるために、ネガティブ感情を忘れないように記憶する必要があり、本来私たちはネガティブ感情を手放すことが苦手なようです。

最近の研究では、自尊感情の低さや自尊感情の変動性がネガティブ感情を反芻させること、ネガティブ感情が肯定的な自己評価を取り戻していく道筋を見つける手助けをすること、ネガティブ感情が自分をいたわり自分を大切にしようとする慈愛を育てること、気分を紛らわすことがネガティブ感情を払拭する効果があること、などがわかってきました。

ネガティブ感情を成長に活かす

つまり、ネガティブ感情は、成長を促進するための気づきを促してくれる大切な感情でもあります。そこで漠然ととらえがちなネガティブ感情を次の三つの感情に分類して整理してみました（テキスト「ネガティブ感情の贈り物」参照）。

あなたを守るための感情：恐怖、怒り、悲しみ、嫌悪感
自信を育むための感情：不安、緊張、罪悪感、後悔、憂うつ、無気力、あきらめ
人間関係で癒される感情：不満、恨み、嫉妬、軽蔑、恥、劣等感、寂しさ

私が担任をしていたときの事例で考えると、反芻していたのは「憂うつ」や「劣等感」のようです。完璧でなくてもいいし、他の先生と比較する必要もなく、他

の先生に弱い自分を見せるほうがよい関係を結べると考えることができていたら、涙で枕を濡らすこともなかったのでしょう。

自分のネガティブな感情の意味を知り、成長のために活かす方法を学習することは、折れない心（レジリエンス）を育むためにとても重要なことです。

レッスン「気晴らしの5つの方法」

ネガティブ感情はどんどん視野を狭くし、心身症を引き起こしたり、自殺に追い込んだりします。また、他者を攻撃する行動に駆り立てたりします。

とにかくネガティブ感情に素早く対処する、つまり「底打ち」することが先決です。そのための「気晴らしの5つの方法」を学びましょう。子どもたちとともに、これまでの体験を紐解き、気晴らしのメニューを増やしていきましょう。

【目的】ネガティブな感情に早い段階で対処できる方法を知り、実践する。

【方法】テキストを使ってさまざまなネガティブな感情について理解した後、ワークシートを配付し、レッスンの目標を説明します。

①各自がこれまでの自分の体験を振り返り、ネガティブな感情から何を学べるのかを考える。

②ネガティブな感情を紛らわせる効果的な方法が五つ（下の表参照）あることを伝え、各自でしていることをワークシートに書き込むように指示する。

③小グループや学級全体で気晴らしの方法を交流し、仲間とともに学ぶ。

＊自分が取り入れたいと感じる気晴らしの方法を増やすように指示する。全員で気晴らしの方法を一つ体験してみることもおすすめ。

〈参考文献〉
久世浩司『「レジリエンス」の鍛え方』実業之日本社、二〇一四年
錦谷日香莉・石津憲一郎「ネガティブな反すうと自尊感情および自尊感情の変動性との関連」『富山大学人間発達科学研究実践総合センター紀要 教育実践研究』第9号、通巻31号、二〇一四年

気晴らしの５つの方法

音楽系	音楽を聴くことは脳にポジティブな影響を与えます。落ち着ける曲や元気づけてくれる曲など、音楽に集中できるようにします。演奏することもとてもよい効果をもたらします。
筆記系	日記を書くなど、自分の心の中のネガティブな感情を文字にして自分の外側に出すと、ストレスが軽減される効果があります。私のおすすめは自分宛てにネガティブな気持ちを綴った手紙を書き、もう一人の自分がその気持ちを受け止めて返事を書くエクササイズです。慈愛によるヒーリングです。
運動系	有酸素運動はストレスを軽減し、不安感情を解消する効果があります。テニスは怒りを鎮め、柔道や空手は憂鬱な気分を改善する効果があります。
呼吸系	感情と呼吸は密接に関係しています。お腹を上下させてゆったりと呼吸を整え、吐く息に集中します。精神が落ち着くと、癒しのホルモンと呼ばれる「セロトニン」が分泌されます。不安やイライラに効果があります。
対話系	人との関係がもたらすネガティブな感情は、人によって癒されるものです。友達と会って、愚痴を聞いてもらったり慰めてもらったり、おいしいものを食べたりすることで、苦しいことやつらいことが癒される効果があります。また、ハグされるだけで、幸せホルモンと呼ばれる「オキシトシン」が分泌されます。

「ネガティブ感情」を無視しないで！　やさしく抱きしめてあげて！

Happiness Wave

「起きたことは仕方がないから忘れよう」と思いながらも、何度も何度もそのネガティブなことが繰り返し浮かんできてしまう。望まないことばかりに気を奪われて心がどんどん苦しくなっていく。そんな経験はありませんか？どうしてそんなふうになってしまうのでしょう。

それは、ネガティブな感情に気づき、そこに居ることを受け入れてあげることができていないからなのです。「感情」は無視されると、自分の存在を頻繁にアピールして気づいてほしいと声を張り上げるのです。「あぁ、自分の中にはそういう気持ちがあるんだなあ」「わかるよ」と自分がやさしく受けとめてあげることが、何より大事な一歩となります。

ネガティブ感情を避けないでください。大切なことに気づかせてくれる大事な感情なのです。どんなことに気づかせてくれているのか見ていきましょう。

何でもネガティブに
考えちゃう私。
大嫌い。

テキスト　ネガティブ感情の贈り物

1　あなたを守るための感情

恐怖：危険を避けるために必要な感情です。脳に赤信号がともり、危機回避に役立つように「逃げる」「戦う」「固まる」の反応は生存するために役立ってきたのです。
怒り：恐怖に対して「戦う」と決めたときに出てくる感情です。怒りのエネルギーは強いので扱いにくいものです。しかし、自分の何を守るための怒りなのか、掘り下げてみるとあなたの欲求が理解できるようになります。怒り以外でその欲求を叶えることもできるでしょう。
悲しみ：大切なものを失ったときに感じる感情です。悲しみは傷ついた心を癒し、出来事を整理する働きをしてくれます。泣きたいときには我慢せずに泣いた方が良いのです。
嫌悪感：人や物などに不愉快さを感じる身体の反応に伴う感情です。この感情は過去の記憶や思い込みから生じることもあります。なぜ嫌悪感を持つのかを振り返り、過去の記憶や捉え方に気づくことができる感情です。

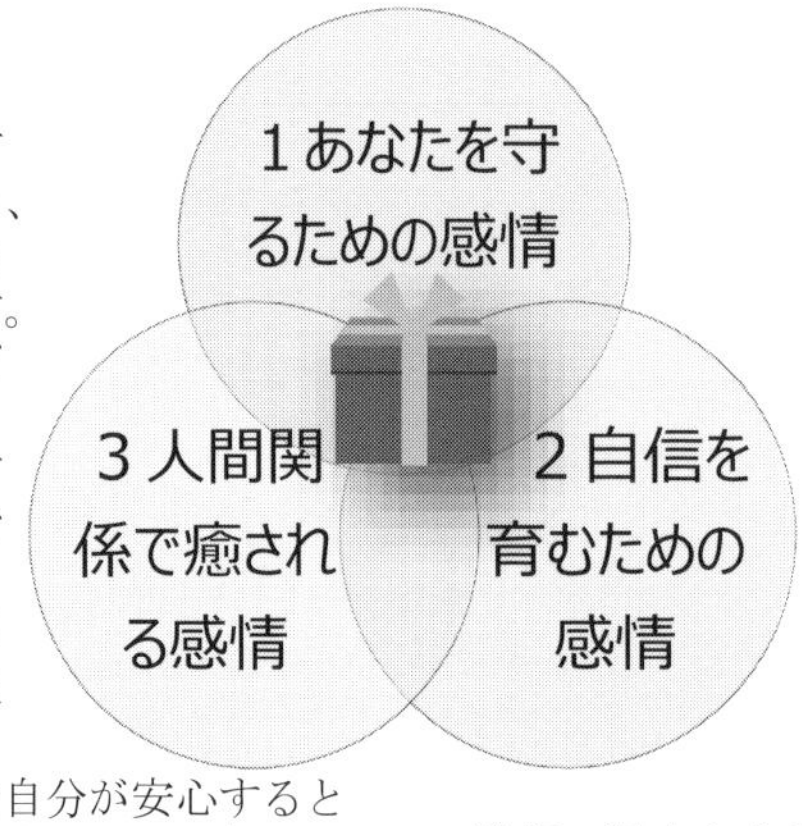

3　人間関係で癒される感情

不満：相手や自分に改善を期待する感情です。うまく働きかけたり、相手が満たされるようにすることでプラスに変えることができます。
恨み：強く抵抗できない相手やどうしようもない状況に対して抱くことが多いです。自分自身のすすむ方向をしっかりと持つことができれば恨みから解放されます。
嫉妬：不満や劣等感から生まれる感情です。自分の心を見つめる良いヒントになります。
軽蔑：他人の価値を下げることで自分が安心するといった働きがあります。なぜ軽蔑するのかに気づくと自分の大切にしている価値観が見えてきます。
恥：他者と違っていたり、劣っていたりしたときに感じます。本来の自分が出せる人間関係が大切です。
劣等感：自分と周囲との比較の中で生まれます。同じ境遇であっても価値観が違えば、劣等感は生まれません。他人軸で自分をジャッジしていると、劣等感の呪縛からの解放は難しいでしょう。
寂しさ：つながりが断たれている時に感じます。時間をかけて自分を満たしてくれる人を探しましょう。

2　自信を育むための感情

不安：物事を整理したり準備することで、未来への課題に着手したり、不安を期待や信頼に変えることができます。
緊張：結果や人にどう思われるかを気にしていませんか？今の自分自身のあり様にフォーカスしプロセスを楽しみましょう。自分が自分を認めてあげられると緊張も減り自信につながります。
罪悪感：罪悪感は何もよいことにつながりません。冷静に観察し、自分だけが悪くない材料を見つけたり、これからどう行動するかに注目することで成長できます。
後悔：過去と向き合い「本当はこうしたかった」という本当の気持ちに気づくチャンスになります。
憂うつ：完璧主義な人が感じやいので、ほどほどでも良いといった考え方にシフトし、充電しましょう。
無気力：やりすぎや目標を失った場合などに起こります。趣味やリフレッシュなどでエネルギーを生み出すことが大切です。
あきらめ：時には状況を判断し、潔く受け入れる「あきらめ」もとても大切です。何かを捨てることで新たなスタートができます。

出典：メンタルケア for HSP　https://kiraku-infomation.com/hsp-highly_sensitive_person/

気晴らしの５つの方法

Happiness Wave

ネガティブ感情の悪循環にストップ！

名前（　　　　　　　　）

1．過去のネガティブな感情が起きたときのことを思い出し、それはどんな感情で、何をあなたに学ばせようとしていたのかを考えてみましょう。

①何があったのですか？

②そのときの感情は？

③その感情はあなたに何を教えてくれようとしていたと思いますか？　テキストを参考に考えてみましょう。

2．気晴らしの方法を増やそう！
あなたは、ネガティブな感情を感じたとき、何をしてそれを紛らわしますか？

「気晴らしの５つの方法」の図のまわりに、あなたの気晴らしの方法を書き込んでみましょう。

また、仲間がやっている方法も後で書き込んでみましょう。例：〇〇なとき、△△しています。

＊これまでしてなかった気晴らしの方法で、取り組んでみたいものに印をつけましょう。

文書ファイル配布
☆詳しくは奥付を！

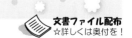

折れない心の処方箋　その4

ネガティブ感情の底打ち
「とらえグセ」編

文部科学省は、脳科学者の知見を教育に活かし、子どもたちのレジリエンスを育成することを述べています。二〇一八年に開催された国際学校心理学会のテーマは「生涯にわたる幸福をめざし、子どものレジリエンスを高めよう」です。少しずつ、「レジリエンス」という言葉も知られるようになってきました。

ここで紹介する「SPARKモデル」は、欧州でのポジティブ心理学の第一人者であるイローナ・ボニウェル博士のレジリエンス・トレーニングモデルです。これはNHK「クローズアップ現代」でも取り上げられました。

SPARK（スパーク）モデル

SPARKとは、人がさまざまなとらえ方で物事を見て、それに付随した感情と行動が生まれるプロセスをモデル化したものです。テキスト「物事のとらえ方を変える」にあるように、出来事（S）が起こると、それをどうとらえるか（P）によって感情（A）が異なり、その結果として反応や行動（R）に影響を与えます。そしてこの体験をした後に知識（K）として私たちは何かを学びます。

このように、ある出来事をきっかけにしてSPARKの一連のサイクルが発生します。このプロセスを理解し、活用することができれば、大変な状況下でも自分をコントロールし、適切に状況に対処できるようになります。特に方向性を決定するとらえ方（P）を役立つものに変換することで、ネガティブな感情を早い段階で底打ちすることができるのです。

論理療法との関連

SPARKモデルは、アルバート・エリスの論理療法（ABCDEモデル）をベースにしています。ただ、「A」が比較的ネガティブな出来事にフォーカスされる傾向にあるのに対して、「S」はポジティブな出来事も含んでいる点に特徴があります。

また、「C」は感情と反応・行動の両方の結果を含んでいますが、SPARKモデルでは分けています。ですから、個別に対処することが容易です。

SPARKモデルには「D」に該当するものはありませんが、とらえ方の演習をすることによって、そのとらえ方が正しいかどうかを自分で評価していきます。

SPARKモデルとABCDEモデルとの関係

SPARK モデル			ABCDE モデル	
S	Situation 出来事	→	A	Activating Event 出来事
P	Perception とらえ方	→	B	Belief 信念
A	Affect 感情	→	C	Consequence 結果
R	Reaction 反応・行動	↗（C へ）	D	Dispute 反論
K	Knowledge 知識	→	E	Effect 効果・新しい結果

© 2016 Positran・Ilona Boniwell

レッスン「私が飼いたいオウム」

このレッスンをすると、「大丈夫オウム」「なんとかなるさオウム」「ちょっと聞いてオウム」「おおきに（感謝）オウム」「君ならできるオウム」など、実にユニークに本人を映し出すオウムが出現します。

【目的】 出来事に対する自分の〝とらえグセ〟を知り、ネガティブ感情を早く底打ちできるとらえ方を見つける。

【方法】

①テキストとワークシートを配付し、レッスンの目的を共有する。

②テキストを使って、身近な出来事を題材に、SPARKモデルを理解する。

③私たちを困らせる〝とらえグセ〟には七つのタイプがあり、オウムが耳元でささやくように、自動的に頭の中がネガティブな思いにとらわれることを伝える。出来事のとらえ方が感情や行動に影響することを理解する。

＊〝とらえグセ〟には、「励ましタイプ」のようなポジティブなものがあることにも触れる。

④ワークシートの1に取り組む。各自でケースを選び、ワークシートに書き入れ、グループで交流する。

＊七羽のオウムの役を分担し、実際に耳元でささやいてみたりして、感情や行動がどのように違ってくるかを共有するなど、取り組み方を工夫する。

⑤ワークシートの2に取り組む。自分を困らせる〝とらえグセ〟に気づき、それを踏まえ、自分を成長させるポジティブで役立つオウムを考え、どんなタイプか名前をつけ、ささやきや特徴を書き込む。（テキストのオウムを参考に行う）。

⑥日常生活にどのように活かすことができるのかを考える。

〈参考文献〉
イローナ・ボニウェル博士監修「レジリエンス・トレーニング講師用マニュアル」ポジティブサイコロジースクール
文部科学省「情動の科学的解明と教育等への応用に関する調査研究協力者会議　審議のまとめ」二〇一四年

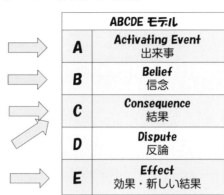

ネガティブスパイラルから脱出しよう

SPARKレジリエンス・プログラム

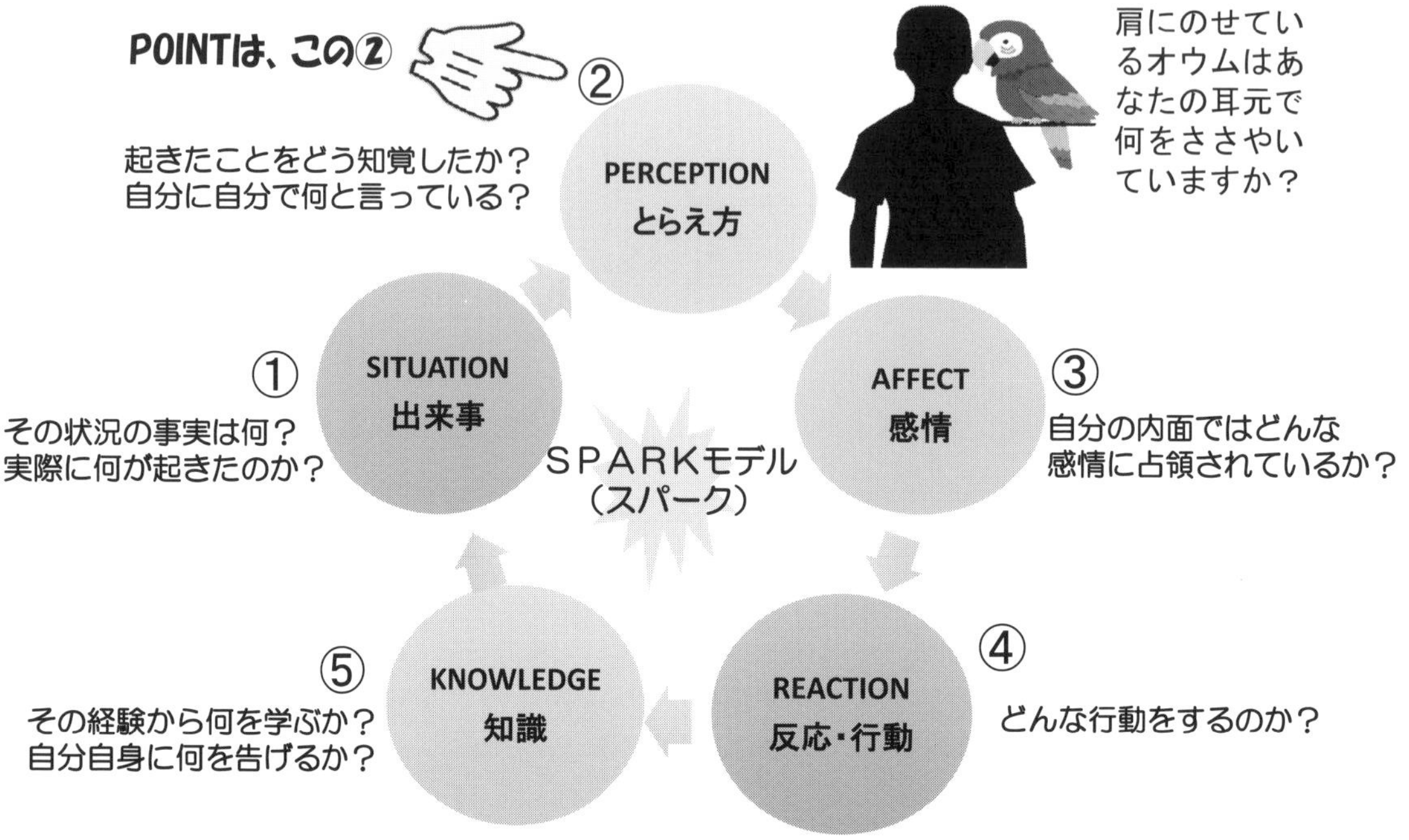
POINTは、この②
②
起きたことをどう知覚したか？
自分に自分で何と言っている？
PERCEPTION
とらえ方
肩にのせているオウムはあなたの耳元で何をささやいていますか？
①
SITUATION
出来事
その状況の事実は何？
実際に何が起きたのか？
AFFECT
感情
③
自分の内面ではどんな感情に占領されているか？
SPARKモデル
（スパーク）
④
REACTION
反応・行動
どんな行動をするのか？
⑤
KNOWLEDGE
知識
その経験から何を学ぶか？
自分自身に何を告げるか？

テキスト　物事のとらえ方を変える

ネガティブ感情を底打ちする

私が飼っているオウム!?

SPARK（スパーク）モデルの図を見てください。何か困ったことが起きたとき（①）、私たちの多くはネガティブな感情を感じ（③）、行動します（④）。そして、その結果から「やっぱりうまくいかない」「ついていない」など（⑤）と考えがちです。

しかし、そのサイクルを方向づけているのは、その状況をどのようにとらえたのかという“とらえ方”（②）なのです。私たちを困らせる“とらえグセ“を「耳元でささやく７羽のオウム」にたとえています。あなたのオウムは７羽の中にいましたか？

耳元でささやく7羽のオウム

①非難タイプ
②正義タイプ
③敗北者タイプ
④心配タイプ
⑤あきらめタイプ
⑥罪悪感タイプ
⑦無関心タイプ

文書ファイル配布
☆詳しくは奥付を！

ポジティブなオウムを飼おう！

落ち込むような出来事は誰にも起こります。でもすぐに立ち直り、さらに成長する人もいます。そんな人は「役に立つポジティブなオウム」を飼っている人です。
あなたが飼っている（飼いたい）オウムはどんなタイプなのでしょう。

①非難タイプ：怒り・不満

非難するタイプのオウムは、すぐに他の人のせいにします。

このタイプは、たいてい怒りを感じ、怒りは自分以外の人にもぶつけられます。

うまくいかないのは誰かのせいだ
自分は悪くない！
あいつらが悪いんだ！

カリカリオウム

テキスト　手放したい７羽のオウム

②正義タイプ：嫌悪・憤慨

正義タイプのオウムは、いつも「正しいか正しくないか」や公正さということをとても気にしています。神経質で、正義を貫きます。

このタイプは、公平でないと感じると嫌気や怒りを感じます。

そんなことはすべきではない
それは不公平だ
それは正しくない

オレ様オウム

③敗北者タイプ：敗北感・劣等感・憂うつ感

敗北者タイプのオウムは、自分は他人より劣っていると信じています。

このタイプは敗北感・劣等感・憂うつなどの感情に支配されます。

自分なんか役に立たないに違いない
自分はみんなより劣っている
私は何をやってもダメに決まっている

自分はダメだオウム

④心配タイプ：不安・恐れ・緊張

心配タイプのオウムは、心配しすぎます。状況がネガティブな結果になるに違いないと思い込んでいます。ささいな出来事を大惨事のように考えてしまうこともあります。

このタイプは、不安・おそれ、緊張などの感情になります。

きっと対処できない
きっと悪いことになるに違いない
ああなったらどうしよう、こうなったらどうしよう…

オロオロオウム

⑤あきらめタイプ：無気力・脱力感

あきらめタイプのオウムは、問題を目の前にすると立ちすくみ、動けなくなります。すべてのことは自分にはコントロール不能で、チャレンジすることをあきらめています。

このタイプは、無気力・脱力感などの感情になることが多くなります。

それは自分の手に負えない
自分にできるわけがないよ
人々を変えることなんてできるわけがない

私はできないオウム

⑥罪悪感タイプ：罪悪感・不安・焦り

罪悪感タイプのオウムは、すべて自分自身が悪いと考えがちで、自分を責めることに多くの時間を費やします。

このタイプは、罪悪感・不安・焦り等の感情が生じます。こうした感情にひたっていると、さらにその感情が増幅されます。

きっと自分が悪いんだ
自分のせいだ
それは私の失敗だ

僕が悪いよオウム

⑦無関心タイプ：無関心・脱力

無関心タイプのオウムは、問題から目をそむけて、放っておけばいつの間にか問題が解決すると信じ、将来のことを考えません。

このタイプは、今のことだけよければいい、将来について無関心などになります。

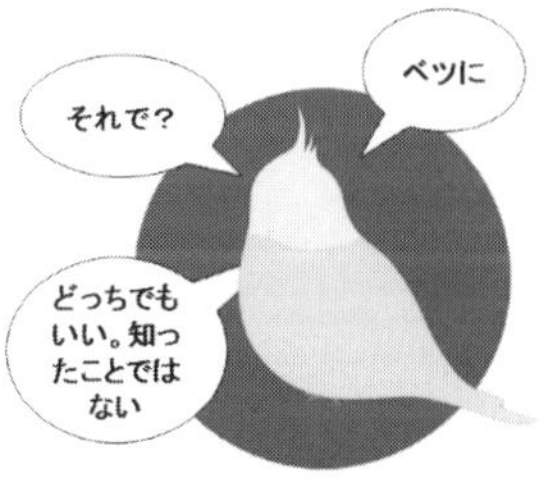

それで？
ベツに
どっちでもいい。知ったことではない

ベツに～オウム

私が飼いたいオウム

ネガティブ感情を底打ちする！

名前（　　　　　　　　）

1．SPARK（スパーク）モデルを活用できるようになってほしいと思います。次のような出来事が起きたとき、あなたのとらえ方や感情などを「私の SPARK」の表に書き入れていきましょう。

【ケース1】
誰よりも頑張っている自分は絶対にレギュラーになれると思っていました。しかし、顧問の先生の口からは他の生徒の名前が呼ばれ、レギュラーになれませんでした。

【ケース2】
自転車に乗っていると、小さな子どもが飛び出してきて、ぶつかってしまいました。子どものお母さんはあなたを厳しく叱りました。

【ケース3】　自分の経験を扱う。

私のSPARK	
S 出来事	ケース（　）
P とらえ方	
A 感情	
R 反応・行動	
K 知識	

2．困った状況になったとき、あなたを落ち込ませるのは、SPARK モデルの「P」の“とらえグセ”が大きく影響しています。

⑴　テキストを参考に、あなたを困らせるオウム（とらえグセ）は見つかりましたか？あったとしたらどのタイプですか？

⑵　右の図に、あなたに役立つオウム（とらえグセ）を紹介してください。

⑶　今日の学習をどのように活かしていきますか？

タイプ：

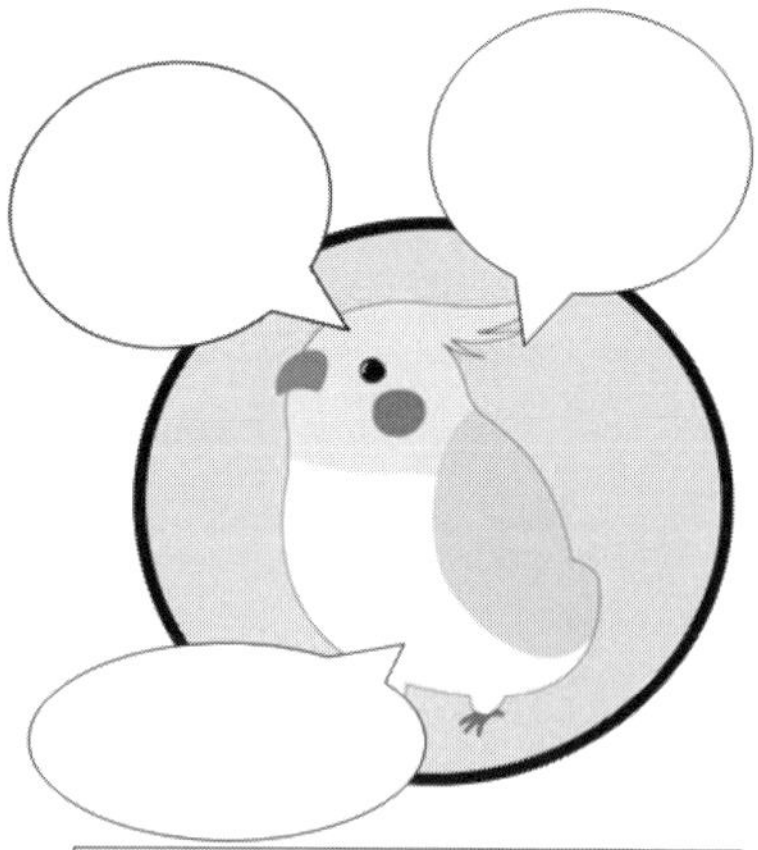

オウム

＊コピーしていつも目にできるように手帳や定期入れに入れておきましょう。

折れない心の処方箋　その5

きっとできる！をつくる4つの方法

ウエイン・W・ダイアー博士は、「自分をだめにしてしまうような感情を自分で取り除くことができ、自分を向上させるような感情を自分で高揚させることができる」「この虚しさもまた愛すべきもの」「内なる自分の声に耳を傾けてこそ本当の自己が見えてくる」と、愛すべき自分に気づき、いとおしむことの叡智を伝えています。私は、これこそが最大のレジリエンスなのではないかと考えています。

昨今、大人のエゴが若者から希望を奪っている光景を目にします。ダイアー博士が言う「エゴ」の呪縛から解き放たれ、本当の内なる自分の声を聞くことが私たち大人に求められているのです。

レジリエンス・マッスルと自己効力感

前節までは、ネガティブ感情の反芻という悪循環を底打ちするための二つの技術を紹介しました。ここからは、いかに再起するかというステージにフォーカスします。

底打ちによって、急な坂道を下までころげ落ちないで途中で止まったとしましょう。そこから坂道を登り始めるには、一歩前に踏み出す体力が求められます。そうした体力のことを久世浩司は「レジリエンス・マッスル」と呼んでいます。

多くの苦難を乗り越えて成長する人に共通して見受けられたレジリエンス・マッスルは、アルバート・バンデューラ博士が提唱した「自己効力感」につながるものです。博士は、自己効力感を「その人の持つ目標や成果の達成への自己の能力への確信と信頼」と定義し、〝結果予期〟と〝効力予期〟の二つに分けています。〝結果予期〟はある行動がどのような結果を生み出すのかという予期で、〝効力予期〟はある結果を生み出すために必要な行動をどの程度うまく行うことができるのかという予期です。

これらは、私たちがもともと持っている気質や性格によるものではなく、これまでの体験から得た認識がつくりあげているものです。なので、今から自分で育てることができるものなのです。

レッスン「きっとできる！をつくる4つの方法にチャレンジ」

自己効力感が低い人は、坂を眺めてはみたものの、「登りきれないかも」「登ったとしても、また滑り落ちるかも」と、坂を這い上がろうという気力がわきません。

自分の人生をいきいきと生きるには、自己効力感が必要です。でも、すべてにわたってうまくできるという自己効力感は必要ありません。得意な分野でいいのです。得意とするところを活かし、不得意を他のメンバーが補う、それがすべての人が幸せになる秘訣だからです。

このレッスンでは、自己効力感を育む4つの方法を学びます。子どもの発達段階も考慮し、テキスト「きっとできる！をつくる4つの方法」では自己効力感を「自信」としています。

【目的】子どもの自己効力感を育む。

【方法】テキストとワークシートを配付し、レッスンの目的を共有する。

＊テキストに記載している4つの方法について具体的な例を挙げ、子どもたちと対話しながら深めていく。

〈①小さな成功体験を積み重ねる〉方法：この実体験が、最も強い自己効力感を得ることができる。必ずしも自分の目標と直結する必要はなく、「できた！」という実感を得ることが重要。学級で短い期間を設定し、各自が取り組むことを決めて成功体験を積むのもよい方法。また、「失敗は成長のチャンス」ととらえましょう。「失敗は成功のもと」と言われてきましたが、成功することをゴールにする必要はありません。失敗から、成功するために何を学び、何を改善すればよいかを見つける力こそが、答えのない未来を生きるために必要だからです。

〈②お手本をまねる〉方法：大事なのは、自分に近い人をモデルにすること。観察し、動作や言葉遣い、考え方、行動などをできるだけそっくりそのまままねてみる。「お手本がない」「必要がない」という子どもは、今は方法を知っておくだけでも意味がある。

〈③応援してもらう〉方法：例えば、身近な人に、応援の言葉を紙に書いてもらうと、後で読み返せるので効果が持続する。LINEやツイッターでメッセージや「いいね」を求めるのも、エネルギーを充電する効果を期待したものと言える。学級で①の方法に取り組んだとき、同時に、みんなで応援メッセージを送り合う活動に取り組む、ということもできる。

〈④やる気を高める環境をつくる〉方法：環境は大切。勉強に集中するために、スマホを目に見えるところに置かないというのも、その一つ。いろんな工夫を学級で共有してみる。

＊ワークシートの4つの方法の枠に、各自ができていることやこれからしようと思うことを記入したら、全体で具体的な方法を交流する（各自が自分に合ったプランにすることが必要）。

〈参考文献〉

ウエイン・W・ダイアー（渡部昇一訳・解説）『自分を掘り起こす生き方』三笠書房、一九九六年
久世浩司『「レジリエンス」の鍛え方』実業之日本社、二〇一四年
アルバート・バンデューラ編（本明寛・野口京子監訳）『激動社会の中の自己効力』金子書房、一九九七年

ネガティブ感情を底打ちしたら、
立ち直る力（レジリエンス・マッスル）が必要です！

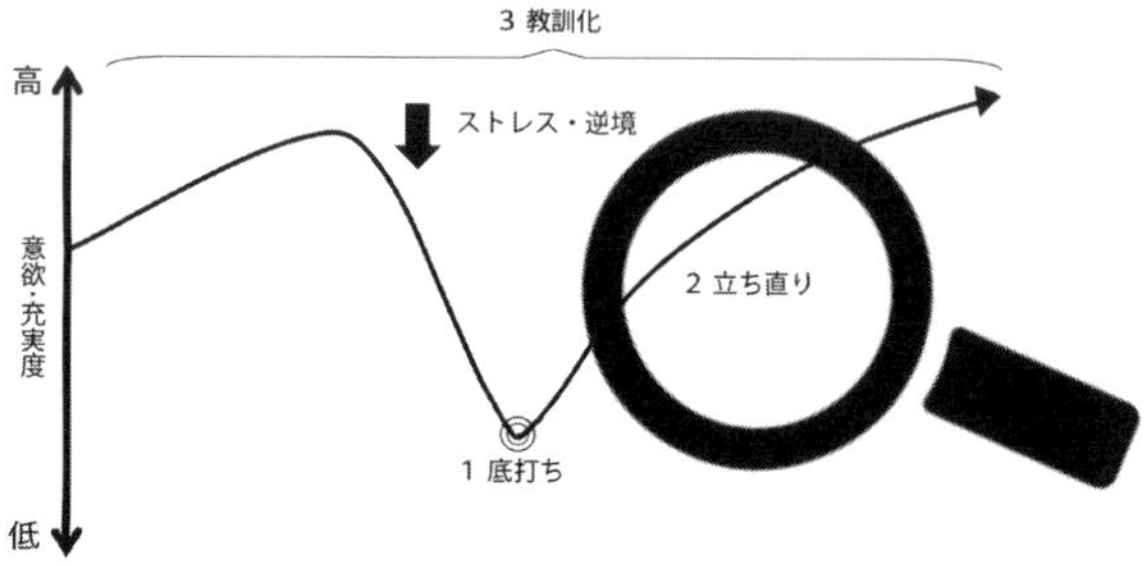

テキスト　きっとできる！をつくる４つの方法

日本では、謙虚で控えめが美徳とされる傾向があります。その影響もあるのか、自信のない人の多さは世界的に見ても、突出しています。それも「根拠のない不安」によって。同じ根拠がないのであれば、「根拠のない自信」を持つことをおすすめします。自信があれば「やる気」や「気迫」「勢い」が違ってきます。「自分はきっとできる」「できそうだ」という自信は自分の人生をいきいきと生きるためになくてはならないものです。また、自分の比較的得意とすることでいいのです。

この自信は次の４つの方法で高められることが研究でわかっています。あなたはその方法にどれくらい取り組めていますか？　☆印に、自分が取り組めている数だけ色を塗ってみましょう。

①小さな成功体験を積み重ねる

「できている」「やれている」ことは何ですか？　家のお手伝いでも、どんな小さなことでもOK。もしなければ、3日間だけでも、やってみることを決めて、やりきったことを増やしていきましょう。

☆☆☆

②お手本をまねる

あなたがやりたい、なりたいと思うことを実現している人をお手本にしましょう。お手本は身近な人のほうが効果があります。その人のふるまいをしっかり観察してまねることで、同じ結果を得られるという自信をつけることができます。

☆☆☆

④やる気を高める環境をつくる

気分が上がる音楽を聴いたり、モチベーションが上がる本を読んだり、映像を見たり、ポスターを張ったりします。また、自分の目標が成功したイメージをありありと想像することで、やる気を高めます。

☆☆☆

③応援してもらう

「あなたならできる」と言われた人は、問題が起きてもその行動を続けます。親や先生、友達から励ましやサポートを遠慮せずに受けましょう。応援してくれる人がいなければ、あなたが他の人を応援しましょう。その行為はブーメランのようにあなたに戻ってきます。

☆☆☆

Happiness Wave

きっとできる！をつくる 4つの方法にチャレンジ

レジリエンス・マッスルを鍛える！　　名前（　　　　　　　　　）

ネガティブ感情から立ち直る力（レジリエンス・マッスル）をつければつけるほど、あなたはいきいきと“今を生きる”ことができます。次の4つの方法について、すでにできていることやこれから取り組みたいことを整理していきましょう。

①小さな成功体験を積み重ねる

「できている」「やれている」ことは何ですか？　もしなければ、3日間だけでも、やってみることをつくりましょう。

②お手本をまねる

あなたがやりたい、なりたいと思うことを実現している人は誰ですか？　その人はどんなふるまいをしていますか？

④やる気を高める環境をつくる

好きな音楽を聴いたり、元気の出るメッセージをいつも見えるところに張るなど、どんな工夫をしていますか（しますか）？

③応援してもらう

あなたの背中をそっと押してくれる人は誰ですか？　どんなことを言ってくれますか？

文書ファイル配布
☆詳しくは奥付を！

折れない心の処方箋　その6

レジリエンス・マッスル
“強み”編

前節で紹介した「きっとできる（自己効力感）」とともに再起するためのレジリエンス・マッスルの一つとされているのが「〝強み〟を活かす」ことです。七つのレジリエンス・テクニック（60ページの図4参照）の四番目にあたります。

〝強み〟は道徳的なもの

サッカーのワールドカップでは、日本代表の選手たちが私たちを夢中にさせます。サッカーファンでもない私までも感動させるのはなぜでしょうか。

そこには、キャプテンを思いやる選手や、選手をリスペクトする監督の姿、数えきれないほどの美徳や再起の物語があるからではないでしょうか。ドリブルがうまい、シュートがうまいなど、そのスキルに感動するだけではきっとないのです。

往々にして、「○○ができる」など、他の人より優れている才能やスキルを〝強み〟と答える人が多いと思います。なので、他の人と比べて劣ると思うと「……」と答えられなくなってしまうのです。しかし、ポジティブ心理学では、〝強み〟をそのようにはとらえていません。

ポジティブ心理学は、〝強みとしての特性〟（ストレングス・キャラクター）として研究を進めました。すると、年齢、性別、社会的階級、出身国、民族性のような社会的対比を超えて〝強み〟を一般化することは不可能ではないかという声が上がりましたが、宗教や哲学の伝統等、膨大な調査を行い、人間の善良さや優秀さは、苦悩や病気と同じくらいに根拠の確かなものであるという確信を得たのです。それが「六つの美徳」（知恵・勇気・人間性・正義・節制・超越性）です。そして、その美徳を具体化するために、他の特性を扱った研究はもちろんのこと、流行歌や広告、落書きをも検討し、二四の〝強み〟を見出しました（テキスト「誰もが持っている〝強み〟」参照）。

この〝特性としての強み〟は、才能や能力とは大きく異なる二つの特徴を持ちます。

一つは、努力と意志力が果たす役割です。私が大好きなフィギュアスケートの羽生結弦さんを見て、「私も同じようにスケートで四回転ジャンプをしよう」とは思わないですね。でも、謙虚な姿やひたむきに取り組む姿、試練をばねにする姿を見て、私もそうありたいと思うものです。道徳的に見て称賛に値する行動は、誰もが切望して取り組むことができるという特徴を持ちます。

もう一つの特徴は、才能や能力は浪費される可能性があり、持っているのに使わないでいると批判さえされるものですが、〝強み〟としての徳性や美徳は浪費されるものでも、使わないからといって非難されるものでもないということです。

「〝強み〟を活かす」こと

さて、あなたの〝強み〟は何でしょうか？　往々にして、自分の〝強み〟は自分ではわかりにくいものです。

クリストファー・ピーターソンらが作成した〝強み〟診断テスト「ＶＩＡ-ＩＳ」(www.positivepsych.jp/via.html) というものがあります。ネット上で無料でできるので、ぜひやってみてください。

数年前に実施したときの私の強みベスト3は「向学心」「創造性」「リーダーシップ」でした。この原稿を書く直前にやってみると、「希望」「親切心」「審美眼」となっていました。数年の間に、私の生き方もシフトしてきました。〝強み〟を活かすことで充実した生活を送ることができると実感しています。

研究では〝強み〟を活かすことで活力が生まれ、ストレスを感じにくくなり、気持ちが落ち込んだときの回復力（レジリエンス）も強いことがわかっています。あなたに与えられた素晴らしいギフトである〝強み〟を意識して生活に活かし、充実感と幸せを生み出してみませんか。

レッスン「〝強み〟を活かすレシピ」

【目的】仲間の力も借りて自分の〝強み〟を見つけ、見つけた〝強み〟を日々の生活で活用する新しい方法をつくる。

【方法】テキストとワークシートを配付し、レッスンの目的を共有する。

1　自分の〝強み〟を発見する

①テキストを見ながら、自分の〝強み〟を三つ選び、ワークシートに記入する。

②四人グループになる。ワークシートを交換しながら、仲間の強みを一つ選び、その理由も書く（本人が自分のベスト3をなぜそう思ったのかも加えて説明し、他のメンバーから他にもある〝強み〟を伝えてもらう方法でもよい）。

③見つけた〝強み〟を使って、自分の紹介文を作成する（〝強み〟を具体的に書くことで定着しやすい）。

2　〝強み〟を活かす新しい方法を考える

・新しい方法を見つけることが大切。計画を立ててグループで交流する。

・一定期間をもうけ、その後の状況を振り返る時間を持てるようにする。

〈参考文献〉

クリストファー・ピーターソン（宇野カオリ訳）『ポジティブ心理学入門』春秋社、二〇一二年

久世浩司『「レジリエンス」の鍛え方』実業之日本社、二〇一四年

鈴木水季「レジリエンス・トレーナー養成講座」テキスト、ポジティブサイコロジースクール、二〇一四年

Happiness Wave

”強み“は使えば使うほど強くなります

人間は「６つの美徳」（知恵・勇気・人間性・正義・節制・超越性）を持っています。美徳は、人間が他者とよりよく生きるためのものです。その美徳を具体化するのが、下に示す24の“強み”で、誰もが持っているのです。“強み”は自分らしく生き生きと成長することを支え、困難に出会ったときにも自分や他者や社会を助ける力になります。

- 満たされた良い生き方をするための知恵
- 困難にあっても目標を達成する意思
- 他者との思いやりのある関係を築く力
- より良い社会を目指して社会に働きかける力
- 行き過ぎた行為を適度に慎む力
- より大きな宇宙とのつながりを育む力

テキスト　誰もが持っている“強み”

知恵	勇気	人間性	正義	節制	超越性
創造性 新しいものを考え、生み出すことができる。物事を行う新しい方法を考える	**誠実さ** 自分を正直に語り、真実を語る。自分の気持ちと行動に対して責任を持つ	**親切心** 思いやりをもって人のために良いことをしようとする。他人を助け面倒を見る	**公平さ** 正義に従って人々をフェア（公正）に扱う。個人的な感情だけで他者を評価しない	**寛容さ** 過ちを犯した人を許し、人にやり直すチャンスを与える	**審美眼** 人生のあらゆる領域（自然、芸術、学問、日常生活）に美や卓越性を見出し価値を置く
好奇心 さまざまなことに興味を持ち、興味深いと感じる。新しいことを発見することが好き	**勇敢さ** 脅威や困難、苦痛などにひるまない。正しいことをきちんと言い、信念に基づいて行動する		**リーダーシップ** 物事が達成できるようにメンバーを力づけ活動しやすいように支援する	**謙虚さ** 自慢せず脚光をあびようとしない慎み深さ。自分のことを特別だとは思わない	**感謝** いろいろな良い出来事に目を向け、それに感謝する心を持ち感謝の気持ちを表す
向学心 スキルや知識を身につけることや、知っていることの理解をさらに深める意欲		**愛情** 人と共感しあったり思いやったり、人と親しむことが好き。愛する人を優先させる		**思慮深さ** 最善の選択を考え、後悔するような言動はとらないようにする	**希望** 明るい未来を描いて、それが達成できるように努力し、良い未来を信じる
柔軟性 あらゆる角度から物事を考えて検討したり、状況によって判断を変えることができる	**忍耐力** 始めたことを最後までやりとげる。困難にあっても粘り強く前進し続ける		**チームワーク** 自分の役割を認識し、仲間と協力してやるべきことを忠実に行う		**ユーモア** 笑いや遊び心を好み、人に笑いをもたらす。あらゆる場面で明るい面を見ようとする
大局観 物事の全体を見ることができるので、人に対して良い助言ができる	**熱意** 感動や情熱をもって生きる。人生を活動的に冒険するように生きる	**社会的知能（対人関係力）** 他人や自分のことをよく理解し、人間関係をうまくつくる		**自制心** 自分の気持ちや行動をコントロールできる。規律正しく、自分の食欲や感情も抑えられる	**スピリチュアリティ** 人生の有意義な目的や、人間を超えた森羅万象・宇宙とのつながりを感じる

参考：「ポジティブ心理学入門」クリストファー・ピーターソン

文書ファイル配布
☆詳しくは奥付を！

“強み”を活かすレシピ

Happiness Wave

レジリエンス・マッスルを鍛える！

名前（　　　　　　　）

1　自分の“強み”を発見しよう

　私の“強み”は何？　“強み”は自分では見つけにくいという特徴があります。誰かと触れ合ったり、他の人から伝えてもらうことで、気づいたり、「そうだなあ」と納得できたりするものです。テキストの 24 の“強み”から選んでみましょう。

《自分で選んだ強み》　《他の人が選んだあなたの強み》

自己の強みベスト3	名前	強み	理 由

《強みをもり込んだ自分の紹介文》

2　自分の“強み”を活かす（磨きをかける）方法を風船の中に書き込もう

❶どんな場で、
❷何のために（目的）
❸何をするか

　“強み”は、あなたが困難な状況から回復するために大きな力になってくれます。あなたの“強み”を日常生活に活かすことができると、エネルギーがわき、とても充実感を得られることが研究からわかっているからです。
　すぐに始められる新しいことを考え、取り組みましょう。現在、困難な状況にない人も、同じように取り組みましょう。毎日がさらにイキイキとしてくるでしょう。

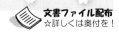

折れない心の処方箋　その7

レジリエンス・マッスル
「心の支え」編

実話をもとに映画化された「空飛ぶタイヤ」をご存じですか。何度も押し寄せる逆境の中で闘う登場人物に、前節で紹介した「強み」を重ね、そして正義のために闘う戦士に愛を込めてサポートする人たちの美しさに惹かれました。逆境を乗り越える力を総動員したような映画です。

ソーシャル・サポート

社会的支援（ソーシャル・サポート）はレジリエンス・マッスルの五つ目のテクニックです。

困難を乗り越えるときに頼りになる他者との関係性に注目したものです。他者から援助を得やすい人は、逆境に直面しても乗り越えていきやすいものです。それは病気という逆境に関しても言えることで、心臓発作の後の生存率や乳がん手術後の寿命を延ばすことにもソーシャル・サポートは大きく影響することがわかっています。

応援というサポーターの行為が人々を奮い立たせ、夢の実現に一役かっていることは自明のことです。

ソーシャル・サポートを得るコツ

〈助けを求めること〉

自分一人で頑張らないことです。「迷惑をかけたくない」とか、「弱い人間だと思われたくない」とかではなく、困っているときは困っていると周りに伝えることが大事です。助けを求めることは相手を幸せにすることにもなります。「話してくれれば力になれたのに」と後悔するケースは少なくないものです。

助けを求めるコツは〝アイ・メッセージ〟を使って自分の感情を伝え、次に、なぜそのような感情を感じているのかを簡単に説明することです。ここではレッスンで取り組みます。

〈他者を思いやり、支えること〉

人は逆境の中でも、他者に手を差し伸べることができます。ナチスの強制収容所で生き延びた精神科医、ヴィクトール・フランクルは著書『夜と霧　新版』（池田香代子訳、みすず書房）で次のように書いています。

「強制収容所にいたことのある者なら、点呼場や居住棟のあいだで、通りすがりに思いやりのある言葉をかけ、なけなしのパンを譲っていた人びとについて、いくらでも語れるのではないだろうか。そんな人は、たとえほんのひと握りだったにせよ、人は強制収容所に人間をぶちこんですべてを奪うことができるが、たったひとつ、あたえられた環境でいかにふるまうかという、人間としての最後の自由だけは奪えない。」

アンパンマンの作者やなせたかしさんも著書『明日をひらく言葉』（PHP研究所）の中で、「悪人を倒すことよりも、自分が傷ついても弱い人を助ける。僕が望む正義はそれほど難しいことではない」と述べています。逆境の中での思いやりはプラスの連鎖を生み、よりよい人間関係やソーシャル・サポートを得やすい環境がつくられます。

レッスン「私の心の支えとなる人」

【目的】 逆境時に頼りになる人を見出し、助けを求める力を育成する。

【方法】 テキストとワークシートを配付し、レッスンの目的を共有する。

1　アイ・メッセージで感情を伝える

事例をもとに、ジュンコさんの気持ちを素直に伝える台詞を作成する。個人で考えた後にグループや全体で交流する。

＊気持ちを表現する言葉を広げるようにする。《事例1》「気持ちがいっぱいいっぱいで」「苦しくて泣きそう」等。《事例2》「みじめな気持ちで悲しい」「独りぼっちでつらい」等。

2　心の支えになる人に助けを求める

⑴自分が病気で心細いときにそばにいてほしい人をイメージし、イラストに記入する。その人は「あなたを愛し、助けてくれる人」ともいえる。（思いつく人がいない場合は架空の人にしてもよい。）

⑵入院中の自分のつらい気持ち（過去のつらかったときの気持ちでもよい）をその人にアイ・メッセージで伝え（①）、次に、なぜその気持ちになったのか（②）を、それぞれ吹き出しに記入する。

⑶その人がどのような言葉をかけてくれるか想像して、台詞を吹き出しに書く。

＊ペアでロールプレイをし、気持ちを伝えることや、相手の気持ちに寄り添い、共感する体験をする。「助けて」と伝えることと、他者の苦難に心を向けることの大切さについて体験を通して学ぶ。

＊テキストの五つのソーシャル・ネットワークを紹介し、ネットワークを築く人になることが豊かな人生を送るために必要であることを伝える。

〈重要！〉 少し深い自己開示を伴うワークなので、場の安全性が求められます。また、他者のサポートを引き受ける姿勢や態度・思いやりを示すことの大切さを学ぶ機会となり、これはまさにピア・サポートプログラムがめざしていることです。ピア・サポート活動へとつなげたいものです。

〈参考文献〉

イローナ・ボニウェル「レジリエンス講師認定講座」テキスト、ポジティブサイコロジースクール、二〇一四年
デイビッド・ハミルトン（堀内久美子訳）『親切は脳に効く』サンマーク出版、二〇一八年

助けて！と伝えることは、相手を幸せにする！

　あなたは、困っているときに「私は困っている」と周りに伝えることができていますか？

できていないとしたら、それはなぜですか？

次の中のあてはまるものにチェックしましょう。

□はずかしい
□他の人を困らせたくない
　（迷惑をかけたくない）
□相談したとしても解決してもらえない
　（解決できない）
□相談できる相手がいない
□自分で解決したい（がまんする）

「アイ・メッセージ」を使って表現する
　アイ・メッセージとは、「私」を主語にして自分の気持ちを伝える方法です。例えば、
・（私は）今泣きそうな気持ちです。
・（私は）一人ぼっちになったみたいで悲しくて、夜も寝られないのです。
・（私は）こう見えて、実はすごくイライラしています。

　気持ちは伝えないとわかってもらえません。“今感じている気持ち”は何かを口に出すことが第一歩です。

　あなたの気持ちに寄り添ってくれる人は必ずいます。「なぜ助けられなかったのだろう」と後悔し、苦しんでいる人が多くいることを私たちは知る必要があるのです。

テキスト　心の支えとなるソーシャル・ネットワーク

他者の支えになることが他者から支えられる関係を強めます

　人生100年時代を迎えました。長い人生にはいろいろなことがあります。困ったときに悩みを聴いてくれたり、アドバイスをしてくれたり、気分転換に誘ってくれたり、あなたを大切にしてくれる存在は、かけがえのないものです。そうした存在をソーシャル・サポートと呼びます。

　ソーシャル・サポートには、次の5つのネットワークがあります。あなたにとって、それぞれのネットワークにあてはまる人は誰でしょう。そして、そのネットワークを強めるためのコツがあります。それは、自分がその人をサポートすることなのです。助けたり助けられたりの関係が大切です。

あなたが信頼できる関係性にある人は誰ですか？

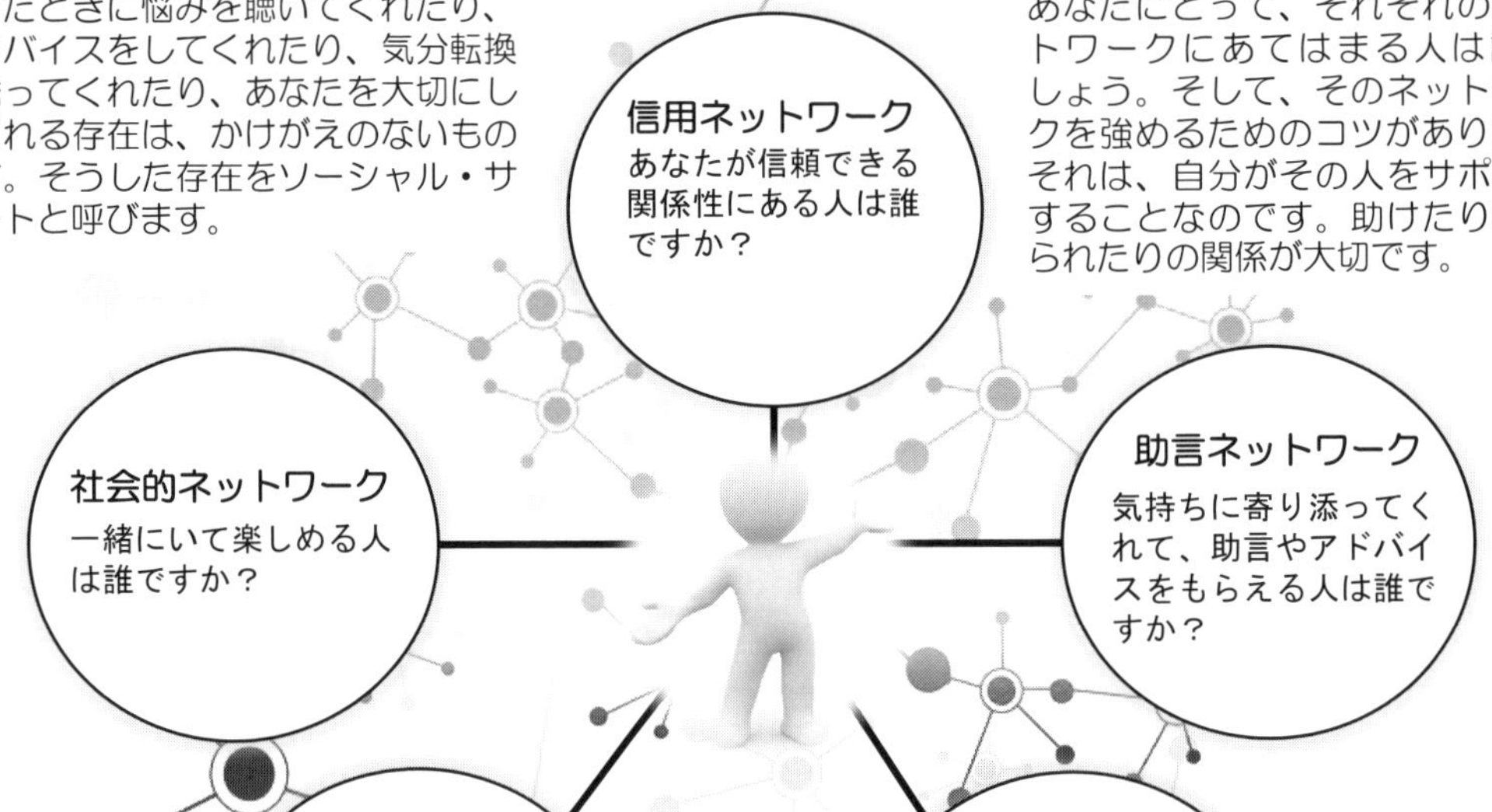
創造ネットワーク
何か新しいものを創造するときに一緒にできる人は誰ですか？
情報ネットワーク
情報が必要なときに、頼りになる人は誰ですか？

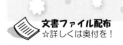

Happiness Wave

私の心の支えとなる人

レジリエンス・マッスルを鍛える！

名前（　　　　　　　　）

1　助けてほしいときに「助けて！」と伝えることはとても大切なことです。
そのためには、私を主語にして、気持ちを素直に伝えることです。
次の事例を読んで、ジュンコさんのアイ・メッセージを考えましょう。

《事例１》ジュンコさんは、学校の宿題や塾の宿題に追われ、睡眠不足でバスケット部の練習についていくのも精いっぱいです。でも、このままだとつぶれてしまいそうです。

アイ・メッセージ（伝える相手：　　　　　　　　）

《事例２》ジュンコさんは、ＳＮＳで「うざい！」と悪口を書かれたり、ＬＩＮＥにメッセージを入れても誰も応えてくれず、孤独感を感じ、とても傷ついています。夜も寝られず、学校に行くことがつらくて仕方がありません。

アイ・メッセージ（伝える相手：　　　　　　　　）

2　心の支えになる人に「助けて！」を伝えましょう。

⑴　あなたが入院していたとします。そのときに誰がそばにいてほしいですか？（そばにいてくれると思いますか？）人物のイラストに書き込みましょう。

⑵　その人に、あなたのつらい気持ちをアイ・メッセージで伝え（①）、次に、その気持ちになったわけ（②）を、右の吹き出しに書いてみましょう。

⑶　そばにいてくれる人はどんな言葉をかけてくれると思いますか？　左の吹き出しに書いてみましょう。

文書ファイル配布
☆詳しくは奥付を！

折れない心の処方箋 その8

レジリエンス・マッスル
「感謝の心」編

今、レジリエンスが問われる時

地球温暖化の影響なのか、台風や豪雨による災害が増えています。また、大きな地震が日本列島を襲い続けます。被災された方々に、お見舞いを申し上げます。

想定を上回る現実に驚愕する中で、警察や自衛隊、医療関係者の方々の懸命な活動が繰り広げられ、心強く感じます。そして、たくさんの人たちの助け合いと感謝が溢れます。私たちの日常が、たくさんの人々のお陰で成り立っていることに気づかされ、人間の営みの尊さを感じます。

がけ崩れで押しつぶされた家にいる妹さんの救出を見守るお兄さんの姿が、テレビで映し出されたことがありました。「本当にきれいな妹の写真が出てきて」と、妹さんの写真を今こうして手にできていることに、妹さんからのメッセージを受け止めているようでした。

「何もしてあげられない自分が嫌になってきて、ごめんねって感じだけですね。……『お兄ちゃん大好きな子なんだ』って、それを聞いてうれしかったし。……一緒にいると楽しい妹でした」と涙を流しながら話していました。

その後、警察の担架で妹さんが運び出されました。「きれいな顔でした、本当に頑張ったねって、強く思っています。……本当に悔いばかり残るんですけど、……それでも楽しかったことはいっぱいあったんで、これからまたそれを背負って頑張っていこうかなって……」と。

お兄さんが、妹さんの死と向き合った直後に「頑張っていこう」と語ることができるのは、何があるからでしょうか。レジリエンスについて深く考えさせられました。

「感謝」が大切な理由

レジリエンス・マッスルを鍛える最後のテクニックは、ポジティブ感情の一つである「感謝」の感情を高める習慣を持つことです。

「感謝」は「六つの美徳」の中の「超越性」に含まれます（82ページのテキスト「誰もが持っている〝強み〟」参照）。「手伝ってくれてありがとう」「お小遣いをありがとう」といったコミュニケーション上の「ありがとう」とは違います。自分の内側から生まれ、胸が熱くなって心がきれいになり、魂が喜ぶ感覚を伴った感情です。感謝の念を持てる気質の人は、生活のすべては贈り物であるという世界観を築いていきます。そうした感謝が大切な理由を紹介します。

①幸福度が高まる

幸せが日常になると、その幸せを感じにくくなります。感謝にはそうした「順応」を抑える働きがあります。順応を抑えるには「新しさ」をもたらすことが有効ですが、常に新しさを実感するのは難しいものです。その代案が、感謝の念を高めることなのです。

ものごとに「有難い」と接することが、当たり前のことではなくて、特別なこととして新鮮さをもたらしてくれるのです。

②ネガティブ感情を中和させる

感謝の感情を持つと、「今・ここ」にあるもの、自分にすでにもたらされたものに注意を向けることが可能となります。感謝を含めた「有難い」という思いがネガティブ感情を相殺し、自分を奮い立たせる力を生み出してくれます。

③健康になる

私たちの態度や感情の傾向が、老化の加速、病気、早死など、さまざまな不健康の兆候と関係しています。感謝する人のほうが痛みを感じにくく、病気からの回復が早く、長生きすることがわかっています。

④前向きになる

感謝は、それがどんな体験であろうとも、過去に起きた体験には何か意味があるに違いないと、前向きに内省する動機づけとなるのです。

⑤恩送りの社会（思いやりの連鎖）

感謝の念は、助け合いの行動や思いやりの行為など、「利他」の精神を促進します。感謝の念を抱き、恩を受け取った者が次に、その恩の送り手となっていくという連鎖が生まれます。

映画「ペイ・フォワード」を観られたでしょうか。世界を平和にするために自分には何ができるかという社会の授業の課題に対して、一人の少年が考えたのが、「自分が受けた親切を相手に『返す』のではなく、別の新たな三人の人に親切にすることで恩を『渡す』こと」でした。つまり「恩返し」ではなくて、「恩を送る」ことです。恩を送る行為自身が、送った本人の感謝の心をさらに育む様子が映画では描かれていました。

レッスン「『感謝』DIARY」

【目的】感謝に気づき、感謝の念を高め、感謝を生み出す力を育成する。

【方法】テキストを配付し、感謝が大切な理由を伝えるとともに、「感謝69」の活動を紹介する。自分にできる「感謝を示す具体的な行為」について考える。

次に、ワークシートを配付し、感謝に気づく力、その良い出来事が起きた理由を省察する課題に取り組む。宿題にしても、学級で行ってもよい。

〈参考文献〉
久世浩司『「レジリエンス」の鍛え方』実業之日本社、二〇一四年
ロバート・A．エモンズ（片山奈緒美訳）『Gの法則—感謝できる人は幸せになれる』サンマーク出版、二〇〇八年

「感謝69」

「世界に感謝の日をつくろう！」。「感謝69」は、書道家の武田双雲さんが企画したプロジェクトです。きっかけはアメリカの9.11の事件で、書を通して平和のハーモニーを生み出そうと考えたそうです。６と９の組み合わせで、陰と陽や∞（無限大）、絆などが表現できます。価値観の違う者が互いにつながり、毎年６月９日を「人類の感謝力を一気に引き出すお祭り」にしたいとの願いから生まれました。

武田さんは、幸福も平和も、強く思えば思うほど、反対の不幸や争いを意識せざるをえないが、どれだけ感謝を捧げても、感謝にはその反対の言葉がなく、それだけでも、あらゆる言葉の中で感謝は特別な位置にあると言います。そして、新しい感謝を埋め込む日ではなく、もともと人には、心が感謝の状態に入るスイッチを持っていて、そのスイッチを発動させ、隣の人、その隣の人の感謝の扉をパーッと開いていくことが期待されています。（参考：https://www.kansha69.com/）

身の回りには、感謝するに足るものだらけです。感謝のスイッチを入れ、自分にできる「感謝を示す具体的な行為」について考えてみましょう。

さあ、あなたの「感謝のスイッチ」を入れましょう。

テキスト　感謝が大切な理由

感謝の大切さ

1. 幸福度が高まる
2. ネガティブ感情を中和させる
3. 健康になる
4. 前向きになる
5. 恩送りの社会（思いやりの連鎖）

「感謝」DIARY

レジリエンス・マッスルを鍛える！

名前（　　　　　　　　）

７日間、一日の終わりに、感謝したいことを思い出し、下の日記に書きましょう。
「なぜ、この良い出来事が起きたのか」じっくり考え、右下の表に書きましょう。

Ⅰ　月　日（　）

Ⅱ　月　日（　）

Ⅲ　月　日（　）

Ⅳ　月　日（　）

Ⅴ　月　日（　）

Ⅵ　月　日（　）

Ⅶ　月　日（　）

《良い出来事が起きた理由》

Ⅰ	
Ⅱ	
Ⅲ	
Ⅳ	
Ⅴ	
Ⅵ	
Ⅶ	

《取り組んでみた感想》

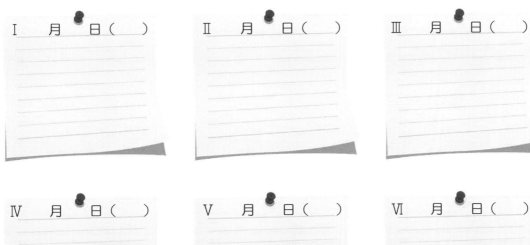

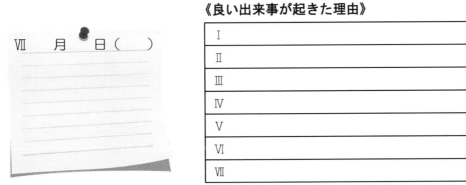

折れない心の処方箋 その9

レジリエンス・マッスル

「教訓化」編

七つのレジリエンス・テクニック（60ページの図4）は、おもに三つのステージに分かれています。まずは、ネガティブ感情の悪循環から脱出する「底打ち」のステージ。次に上に向けて再起する「立ち直り」のステージ。ここで扱うのは、精神的に痛みを感じるようなつらい体験から意味を学ぶことで自己成長を促す、最後の「教訓化」のステージです。

逆境体験を俯瞰する

俯瞰するとは、過去の逆境体験から一歩離れてながめ、教訓化できるようになることです。逆境の真っ只中では「もうだめだ」と思ったり、胃が痛む思いをしたりすることもあるでしょう。でも、しばらくして一歩離れて振り返ると、痛みは薄れ、立ち直ってきた物語が見えてきたりします。また、「なんとかなるものだな」と思ったり、今あることに感謝したり。次に同じような逆境に出会っても「これまでやってこられたのだから、大丈夫」と思ったり。

でも、それで終わってしまったらもったいない。その経験には意味があり、成長するための課題があります。そして、あなたならではの強みやよさがあるのです。

SPARK資源サイクルで教訓化

テキストで紹介しているSPARK資源サイクルは、ストレスフルな出来事が起きても適応することができる五種類の方法です。これを参考にして自分ならではの方法を考え、普段の生活で意識して使い、予防的・開発的にレジリエンスの力を高めるようにします。この五つの順序は関係ありません。同時に少しずつ取り組みましょう。

【S】（Situation-strategies）

絶えまなくおとずれるストレスに対して、どのような方略をもって臨むのかを事前に考え、普段の生活の中で実行します。例えば、良質な睡眠や栄養をとる、安心していられる仲間との関係をつくる、課題解決力を高めるなど、赤ん坊が歩き始めるように一歩ずつより良い状況に近づく戦略を立て実行しましょう。

〔P〕（Positive perception）

ポジティブな前向きのとらえ方のパターンを身につけることです。テキストでは、ネガティブをポジティブに変える魔法の言葉として扱っています。

例えば「なんとかなるさ！」「わかってくれる人は必ずいるよ」「試練は成長の素」など、耳元で魔法の言葉をささやくオウムのイメージです。習慣化すると、他者がネガティブな言葉を発したときも、「大丈夫だよ。君ならできるよ」と、ポジティブに反応できるようになってきます。魔法の言葉として、格言を座右の銘にしてもよいでしょう。ちなみに「成らぬは人の為さぬなりけり」は心の中でつぶやく私の魔法の言葉です。

〔A〕（Positive Affect）

ポジティブ感情はストレスや挑戦に対しての心理的な緩衝（バッファー）の役割を果たします。日常生活でポジティブ感情を豊かにする手法を取り入れることで、ストレス耐性を高めます。

ポジティブ感情は前向きな体験をしている瞬間に味わうことができますが、ポジティブな体験を回想しているときにも再度味わうことができます。

例えば、体を動かしたり、好きな音楽を聴いたり、大自然に身を置くなどすることで、心地よい感覚を満喫します。感謝する気持ちを日記に書いたり、イメージしながら瞑想したりするのも、ポジティブ感情を増やすのにおすすめです。

〔R〕（Reaction-social support）

困難を乗り越えるときに頼りになる他者の存在を社会的資源と言います。「信頼できる人」「助言やガイダンスをもらえる人」「情報が必要なときに頼りになる人」「新しいものを創造するときに一緒にできる人」の存在は、大きな助けになります。普段から助け合ったり、楽しく過ごしたりする関係をつくることが大切です。

〔K〕（Knowing yourself-cohidence）

すべての出来事には意味があり、理由があると言われています。自分自身を深く知り、過去の体験が自分の自信と強みを形成する上でどう役に立ったのかを振り返ります。ワークシートの1に描いたライフサイクルから、どう回復したか、何を学べたのかに注目しましょう。

レッスン「私のレジリエンス強化プラン」

【目的】 レジリエンスの力を普段の生活で養う「自分の強化プラン（教訓化）」を作成する。

【方法】 班学習のスタイルで、ワークシートに書き込みながら、随時、班内で交流するなど、共に学び合いながら学習する。

①テキストとワークシートを配付し、レッスンの目的を共有する。

②テキストを使って、レジリエンスの三つのステージをおさらいする。

③ワークシートの1にあるライフサイクルに取り組む。誕生してから今までを描くなど、長期的なスパンで描くことで変化が描きやすくなる。

④テキストのSPARK資源サイクルを説明し、ワークシートの2に取り組む。

〈参考文献〉
久世浩司『「レジリエンス」の鍛え方』実業之日本社、二〇一四年
イオーナ・ボニウェル「レジリエンス・トレーニング講師用マニュアル（ver2.0）」ポジティブサイコロジースクール、二〇一四～二〇一六年

困難を乗り越えた体験から何を学ぶことができるのかな！

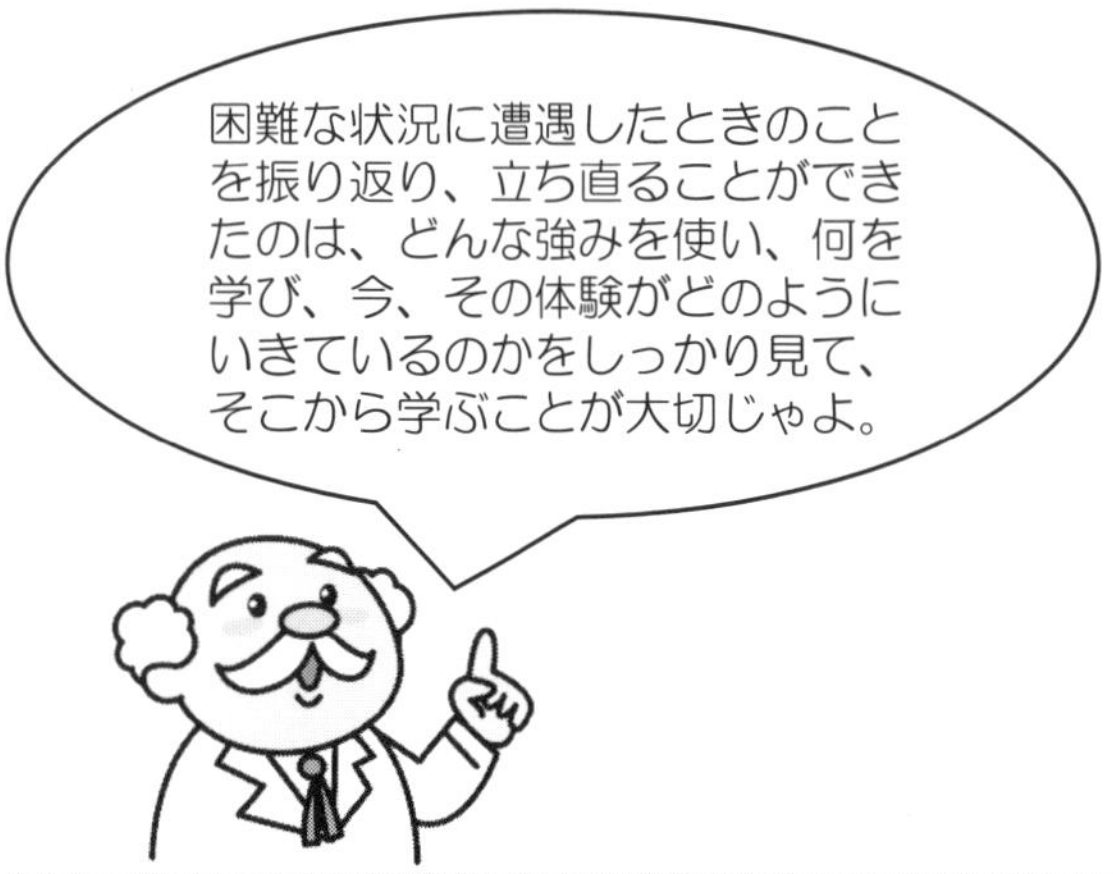
困難な状況に遭遇したときのことを振り返り、立ち直ることができたのは、どんな強みを使い、何を学び、今、その体験がどのようにいきているのかをしっかり見て、そこから学ぶことが大切じゃよ。

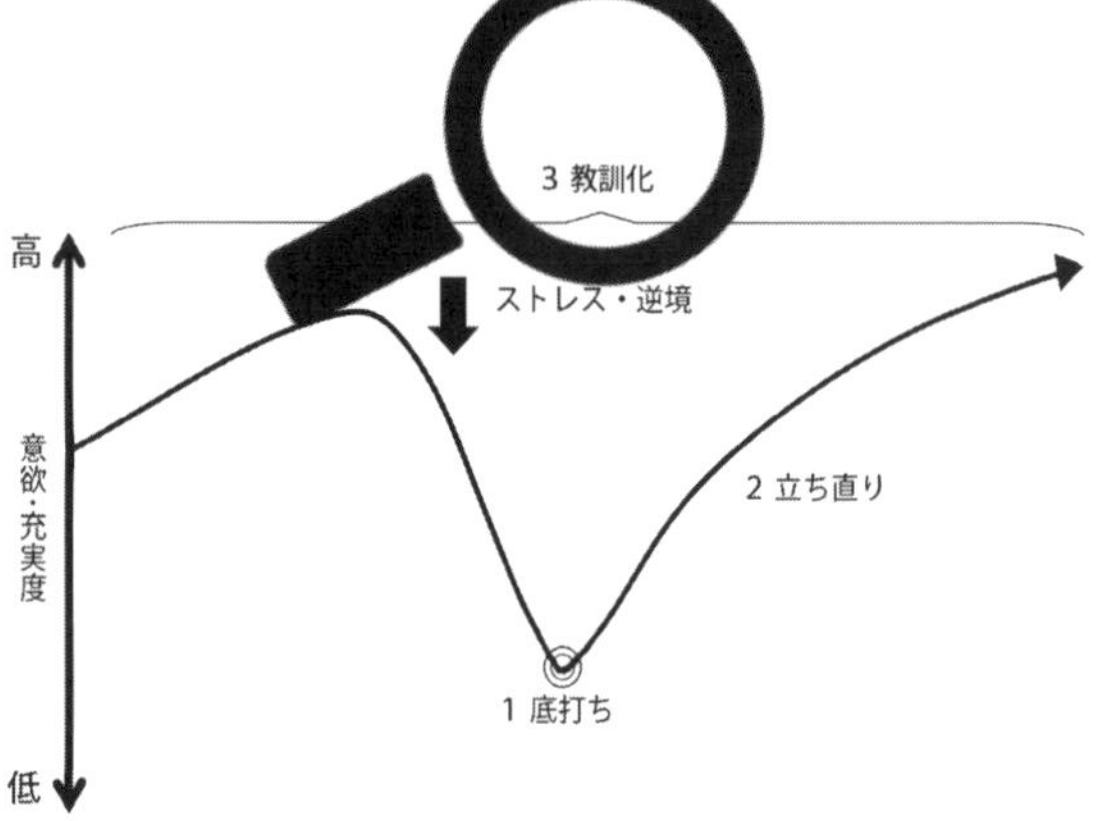
高
意欲・充実度
低
3 教訓化
ストレス・逆境
2 立ち直り
1 底打ち

テキスト　SPARKモデル

Situation-strategies
ストレスを吹っ飛ばす！
ストレスがかかったときの気晴らし方法

- 好きな音楽を聴く
- ランニングをする
- 好きなことに没頭する
- 大声でさけぶ
- よく寝る　など

Knowing yourself-conhidence
自分には力がある！と言い聞かす
自分のよさや強み

困難を乗り越えるために使った強みやサポートは何ですか？　また、仲間に自分のよさや強みをたずねてみましょう。そして、その強みやよさを意識して生活しましょう。

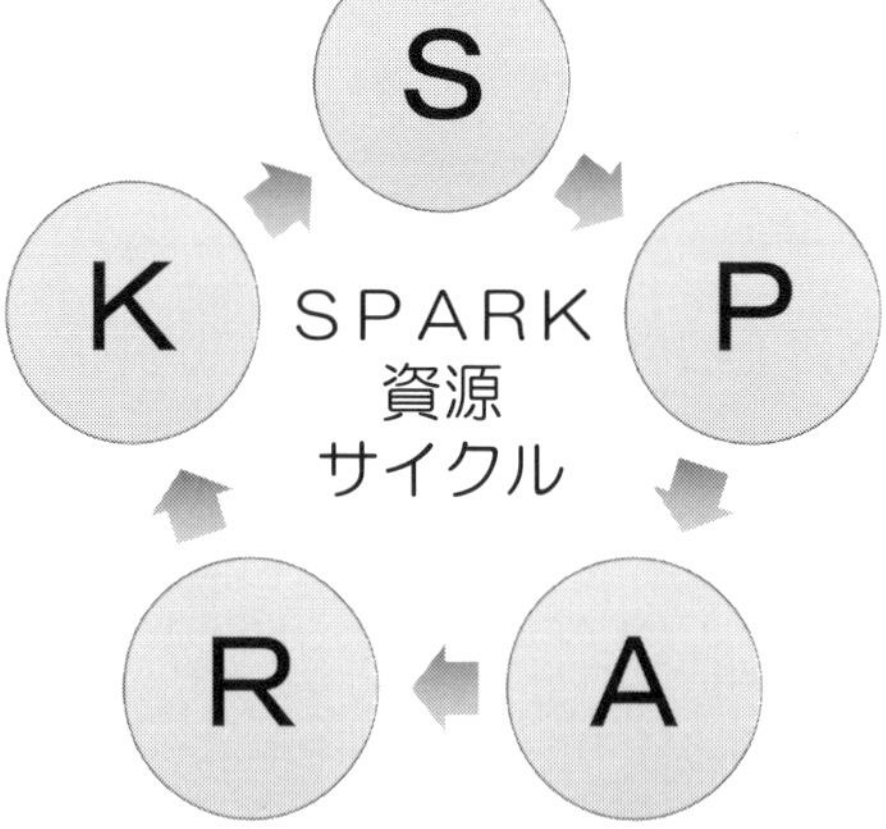
S
P
A
R
K
SPARK
資源
サイクル

Positive perception
ポジティブに考える！
ネガティブをポジティブに変える魔法の言葉

- なんとかなる！
- 楽あらば苦あり
- 七転び八起き
- 乗り越えられる困難しか起こらない
- また成長できるってこと！
　など

Reaction-social support
助けて！と言い合う
困ったときに助けてくれる周りの人

友達と普段からよい関係をつくることで、助けたり助けられたりできるようになります。よい関係をつくるために、一緒に楽しいことをしたり、思いやりをもって接することが大切です。

Positive Affect
ポジティブな気持ちを増やす！
ポジティブな気持ちを増やすためにすること

・親切をする　・お礼を述べる　・あいさつをする　・助けになる　等をして「愛情」「喜び」「感謝」「希望」「興味」「楽しい」「誇り」などの感情を増やす。

Happiness Wave

「私のレジリエンス強化プラン」

レジリエンス・マッスルを鍛える！

名前（　　　　　　　　　　）

1　どんなことが起こっても、長い目でみれば、人には回復していく力があることがわかります。自分のライフサイクルを描いて、過去の困難を乗り越えた体験を振り返り、問１～３の欄に記入しましょう。

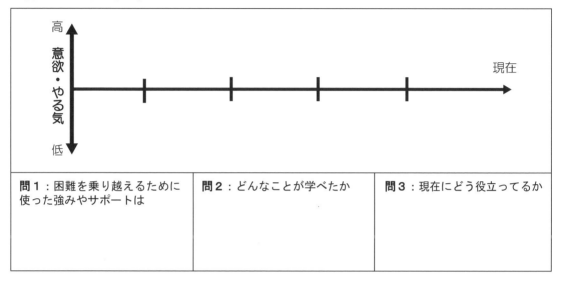

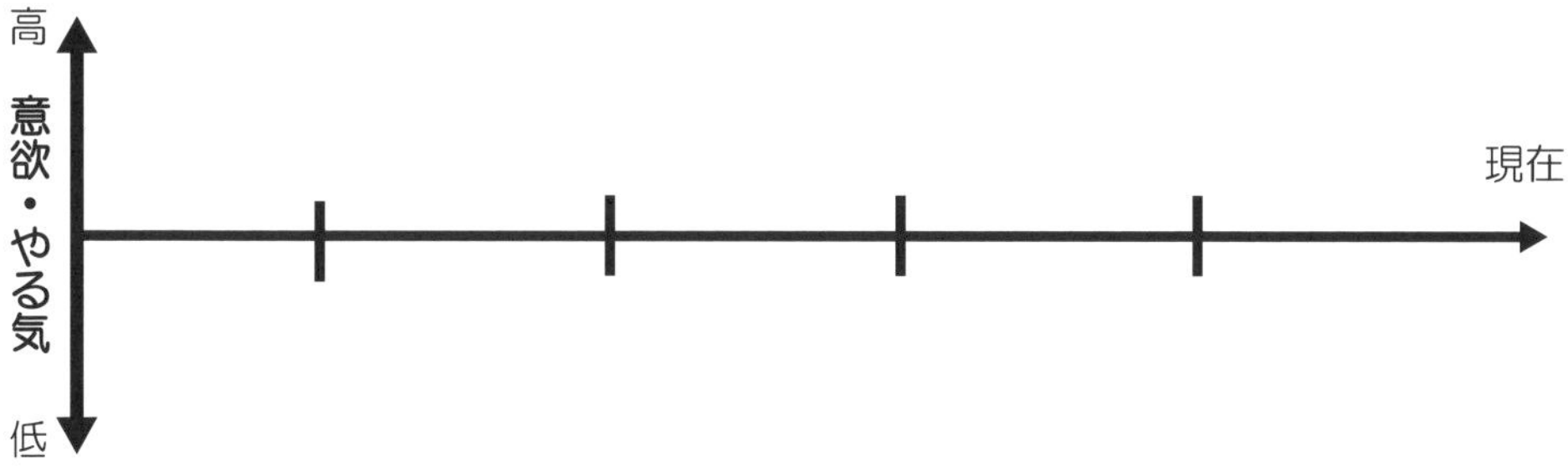

問１：困難を乗り越えるために使った強みやサポートは	**問２**：どんなことが学べたか	**問３**：現在にどう役立ってるか

2　困難やストレスフルな出来事が起きても大丈夫になるために、自分オリジナルの「SPARK資源モデル」を作成しましょう。そして、普段の生活で使えるようにします。

困難を乗り越える力	普段から生活の中で取り組むこと
〔S〕**ストレスを吹っ飛ばす！** ストレスがかかったときの気晴らし方法をもつ	何をしますか？
〔P〕**ポジティブに考える！** ネガティブをポジティブに変える魔法の言葉や格言をもつ	どんな言葉？
〔A〕**ポジティブな気持ちを増やす！** ポジティブな気持ちを増やすためにすること	何をするとワクワクしますか？
〔R〕**助けて！と言い合う** 困ったときに助けてくれる人をもつ（自分も人を助けるのがコツ）	どんな関係を普段からつくりますか？
〔K〕**自分には力がある！と言い聞かす** 自分のよさや強みを意識して、いろいろな場で使う	よさ・強みは？　いつ使う？

折れない心の処方箋 その10

WAKU WAKUの「本質」と「源泉」の発掘

物質的なものを求める時代から、目に見えないものに価値を置く時代へと移行しています。そのような流れの中で、「自分はどんな人生を送りたいか?」を問うことの意味がますます重要になってきています。

本書の最後の三つの節では、「人生の本当の主人公になる」ためのヒントを探っていきましょう。

バンクシアの種のごとく

オーストラリアに自生する植物に、バンクシアという木があります。山火事にあって真っ黒こげになって初めて種を四方八方にばらまき、焼けた森から芽を出し、森を再生するそうです。

自然災害に翻弄され、困難に遭遇するたびに、人が持つ「霊性」「愛」「感謝」という種がまかれ、生きていくために必要なたくさんの絆や知恵、思いやりが発芽する様を感じます。そして、死と向き合うことで自分自身を生きるたくましさが花を咲かせていくようです。これこそが、「折れない心(レジリエンス)」の正体ではないでしょうか。

本当の自分の「大切なもの」

映画「プーと大人になった僕」をご覧になったことはありますか。主人公が忘れてしまった「大切なもの」を届けに、幼い頃の親友だった熊のプーがロンドンまでやってくる物語です。仕事が忙しいからと妻や娘の約束も守れない日常が、熊のプーとの再会によって変化し始めます。本当に自分がしたいこと、自分の心に正直に生きることの大切さに気づき、家族の笑顔とともに人生を再スタートします。

私たちは、成長するほどに子どもの頃の純真さや好奇心という生への意欲を忘れ、社会人として、親として、教師としてなど、いろいろな役割を演じることが成長であるかのように生き始めます。また、親のため、子どものため、生活のために…と、何かを背負いながら日々を送ります。そして「あの人に負けたくない」「もっと賢くないと認めてもらえない」などと、自分の外側に目的や答えを求めて時間を費やしていきます。

でも、このようなことをしている間は本当の充足感を得ることはなかなかできません。本当の自分の「大切なもの」に気づき、それを日常生活に活かすことが必要です。そして、その大切なものはＷＡＫＵ ＷＡＫＵ（ワクワク）の中にあるのです。

自分のワクワクに気づき、「本質」と「源泉」を考えてみる

「過去」と「現在」と「近未来」から、自分の中にあるやむにやまれぬ興味や関心、好きなことを探ります。

はじめに「過去」を調べ、自分はどんなことをしているときが幸せだったか振り返ります。私は近所の男の子と野球をするのが大好きでした。走ったり、打ったり、思い出すと今でもワクワクします。

次に、「現在」好きなことで、今はできないとあきらめていることは何か、「近未来」に関しては、「あれがやれたらなあ」「やってみたいなあ」と思っていることは何かを全部探ってみましょう。

そして、自分が大好きな活動の、どんな面に魅力を感じているのかをつかみます。それが、ワクワクの「本質」です。

私が野球を好きだったのは、たくさんのメンバーの力を想像（俯瞰）しながら自分がどのように振る舞い、チームを勝利に導くかを楽しんでいたようです。学生の頃に熱中していたバスケットボールも、ガードというポジションでゲームをコントロールすることにワクワクしたし、校長のときに学校をどのようにマネジメントするかも楽しかったことに気づきます。どうやら私のワクワクの「本質」は、「みんなの力が発揮できる場をつくること」のようです。見つかる本質は一つではありませんが、その本質を掘っていくと一つの単語で表現できる「源泉」を掘りあてることができるでしょう。

夢や願望は「すること（Do）」「所有すること（Have）」「であること（Be）」に分類できます。「○○がしたい」「あれが欲しい」などは行動・所有（Do・Have）する結果、得られると信じている「在り方」「気持ち」（Be）を求めていることに行きつきます。つまり、「在り方」「気持ち」（Be）が「本質」であり、「源泉」へとつながります。その源泉の流れをくむ本質を現実の生活に再度落とし込むと、本当の自分を生きることができるのです。この活かし方は、次節で紹介します。

レッスン「魂が喜ぶ私のＷＡＫＵ ＷＡＫＵ」

【目的】自分の大好きなことから、自分の魂が喜ぶワクワクの「本質」と「源泉」を見つける。

【方法】集中して一人でワークシートに取り組めるよう、ゆったりとした時間をとる。

①テキストとワークシートを配付し、レッスンの目的を共有し、手順を説明する。
②ワークシートに取り組む。わからない質問は空白でもよいことを伝える。
③子どもと対話して、大好きなもののどのような点に魅力を感じているかを引き出し、本質や源泉を考えるヒントを示す。

〈参考文献〉
マイク・マクマナス『ソース』（ヒューイ陽子訳）ヴォイス、一九九九年
ウエイン・W・ダイアー『自分を掘り起こす生き方』（渡部昇一訳・解説）三笠書房、一九九六年

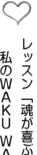

人生100年時代
人生の主人公はあなたです！！

　あなたは生きることに喜びを感じていますか？　毎日、ワクワクしながら生活していますか？
　誰かのために行動するのではなく、内から湧き起こるワクワクの「源泉」を掘り当てることができれば、あなたはその源泉から存分に力を与えられ、才能を豊かに活かすことができます。困難な状況があっても、困難を成長のための喜びとして受け止め、自分の人生を豊かに生きていくことができるでしょう。
　さあ、人生の主人公はあなた自身です。ワクワクの「源泉」を掘り起こしに向かいましょう。

テキスト　魂が喜ぶ私のWAKU WAKU

1．ワクワクを全部書き出す

　自分の「過去」と「現在」と「近未来」を振り返って、ワークシートの質問にそって、自分が好きなものを探し出します。どんなことに興味や関心、好奇心をもっているでしょうか。

2．ワクワクの「本質」は何？

　書き出した大好きな活動の、どんなところに魅力を感じているのでしょうか。それがワクワクの「本質」です。ワークシートの円の中に書きましょう。

　本質レベルで自覚されると、行動の選択肢が増え、設定された活動や職業などの形にまどわされることがなくなるでしょう。どんな日常の活動の中にも自分のワクワクを見つけることができるようになります。

3．本質の「源泉」

　書き出した好きなものと本質を見つめ、自分のワクワクの本質の、さらに「源泉」になっているものを表す言葉を円の真ん中に書きましょう。《例》愛・挑戦・貢献・スリル・正義・笑い…

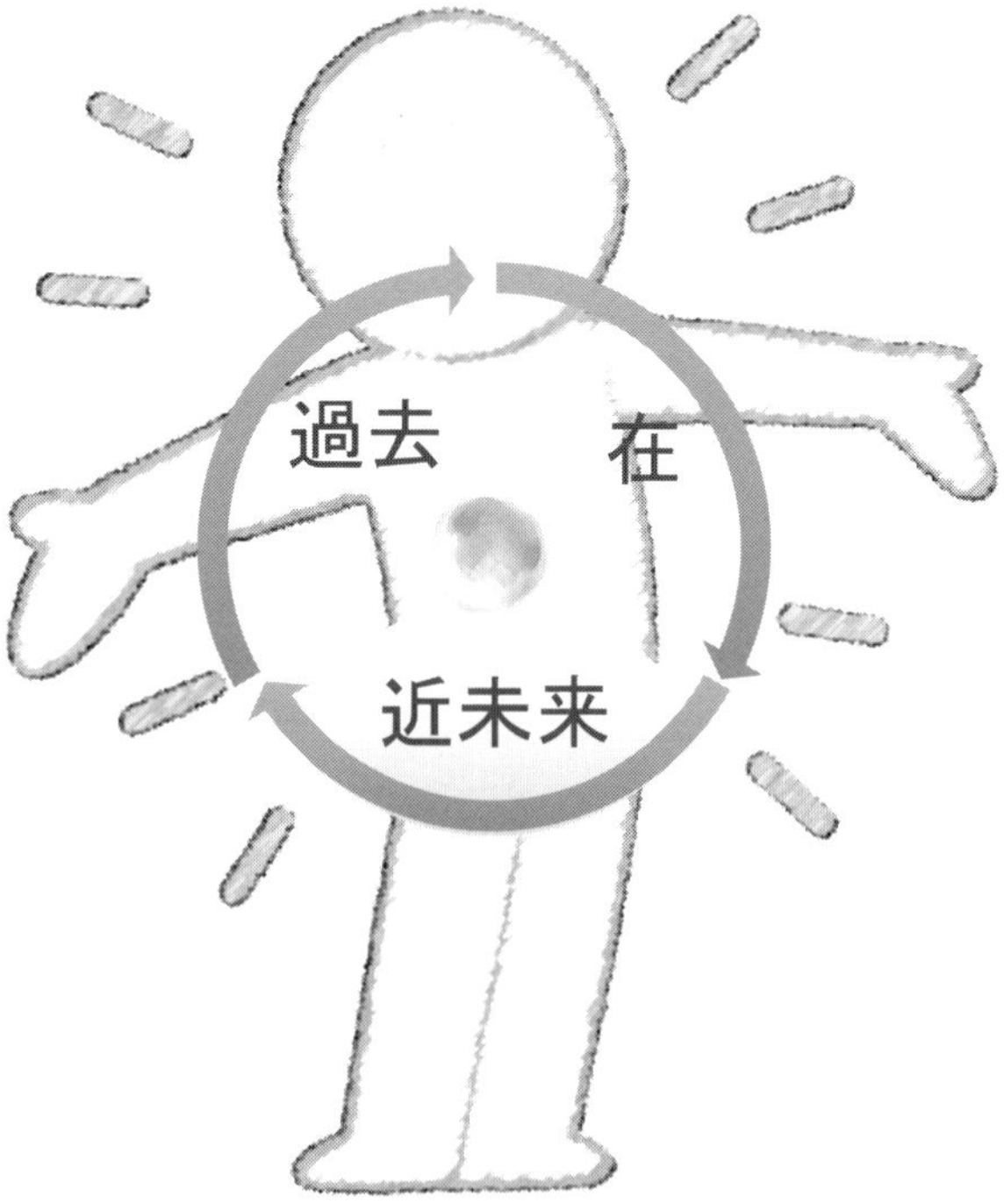

Happiness Wave

魂が喜ぶ私のWAKU WAKU

16 の質問に、思いつくものすべて書き出します。次に、円の中に、自分の大好きな活動のどんなところに魅力（本質）を感じるのかを書き出します。最後に、書き出した本質から、あなたの心が光を放つようなワクワクの「源泉」を探しましょう。

どんな場所にいると楽しいですか？　それはどこ？

誰といると楽しいですか？

これがあればとても幸せになれると思うものは何ですか？

自分のしたいことを自由にできるとしたら、何をどうしますか？

何かを変えるとしたら、何を変えたいですか？

どこでも好きなところに行けるとしたら、どこに行きたい？

好きな本や漫画は何ですか？

やりたいことで、まだやれてないことは何？

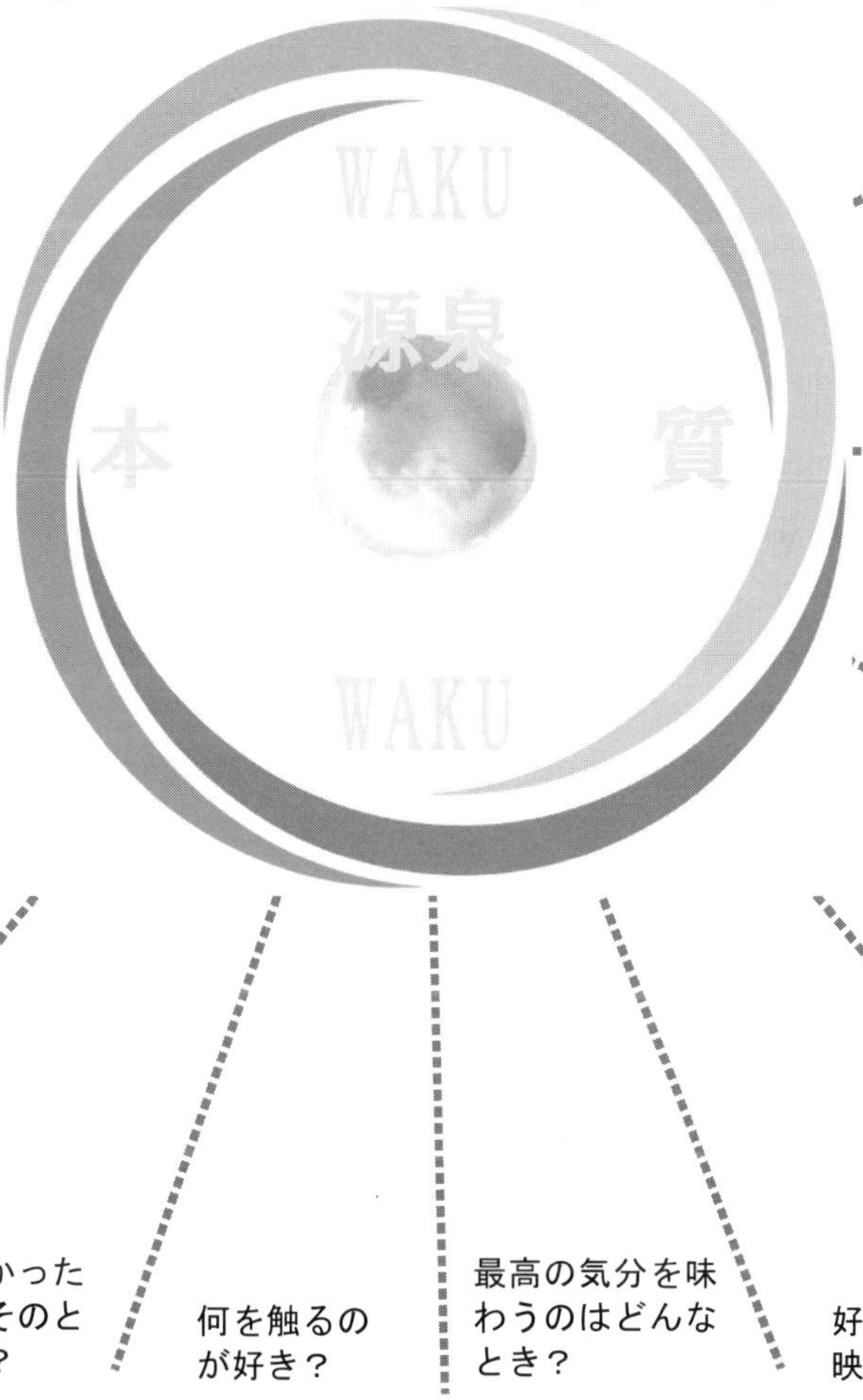

好きな動物やペットは？

好きな音楽は何ですか？

あなたが夢中になっていること、好きでたまらないものは何？

好きなスポーツは何ですか？

今までで楽しかったのはいつ？　そのとき何をしてた？

何を触るのが好き？

最高の気分を味わうのはどんなとき？

好きなＴＶ番組や映画は何ですか？

文書ファイル配布
☆詳しくは奥付を！

折れない心の処方箋 その11

WAKU WAKUのトリセツ

以前、放送されたTVドラマ「僕らは奇跡でできている」を楽しみに見ていました。「僕はだめなんかじゃない！」「僕はお母さんのいいとこ一〇〇個言えるよ」は、みんなと同じようにできないことを母から責められ苦しむ子どもの台詞です。世間体を気にし、誰かの目を気にして生きることは自分を苦しめ、そのもとで育つ子どもたちを傷つけていることに気づく必要があることを教えてくれるドラマでした。

今一度、ワクワクを生きるとは

滋賀県にある「やまなみ工房」は、元共同作業所ですが、海外も注目するアーティスト軍団です。施設長の山下完和さんは、重度の自閉症の方が昼休みに本当に楽しそうに落書きをしている姿に衝撃を受け、みんなで同じことをする内職的な作業がその人たちのためになるのかと自問自答をされ、入所者が熱中して楽しんで取り組む粘土や絵画にいきついたそうです。

字の一つも覚えさせて、働けるようにしてほしい等と、親やまわりの方からの反対もあったそうです。でも、一度しかない人生、直接的にはお金にはつながらないかもしれないけれど、笑顔で日々を送るほうが本人の人生の豊かさになると考え、続けてこられたそうです。

「障碍者だから」とか「障碍者でもこんな作品が…」ということで注目を浴びているわけではなく、人の心を動かす作品が毎日生み出されているのです。

「同時実行！」ワクワクの取り扱い方法

前節では、自分のワクワクに気づき、その「本質」と「源泉」を考えてみることを試みました。「過去」と「現在」と「近未来」から、自分の中にある、やむにやまれぬ興味や関心、好きなことを、ワークシートの一六の質問に答えながら探ってもらいました。ここでは、見つけたワクワクをどのように活かすのか、その取り扱い方法（トリセツ）を紹介します。ポイントは、すべてのワクワクをバランスよく同時に実行することで相乗効果が生まれることです。

自分の心を満たすものが何であれ、ワクワクを一つ残らず実行します。それは、ダイヤモンドのカット職人が、あらゆる面に細心の注意を払い磨き上げていくような感じです。どんな小さな一面であっても、おろそかにすると値打ちは下がります。

「そんなの無理です」「そんな時間などありません」と思われるかもしれません。全部実行するための方法は次の四つです。

1 同じ量の情熱を傾ける

同じ時間やお金や体力を使うのではなく、同じ情熱と関心をもって向き合うということです。たった数分だとしても、その瞬間に情熱を傾けるのです。その情熱が質を高め、忙しいようでもかえって余裕が生まれます。

2 小さな一歩を踏み出す

ワクワクを実行するための最初の小さな一歩です。例えば海外で暮らしたいというワクワクなら、まずは留学するために、パンフレットを取り寄せることが小さな一歩。今のあなたが楽にすぐにできることに限ります。

3 方向性を決める

目標ではなく、ワクワクを活かせる方向性を決めます。

一つの目標を立てると、その目標が達成されると、また次の目標が必要となります。目標達成ができないと罪悪感をもちます。これは、目標をもって努力することの弊害だと思います。人生は一直線に進むものではないのです。

方向性だけを決めておくと、予期しなかった素晴らしい体験にめぐりあうチャンスが生まれます。また、「おおらかさ」や「創造力」も引き出されていくのです。

4 自分の直観を信じる

「ふと、あの人に会いたくなった」などと感じることはありませんか。人物や状況に対して直観的に感じたことは、無視しないでください。自分の心の声に常に耳を傾ける習慣をつけるのです。直観はあなたを導く親友のような存在です。

さあ、すべてのワクワクを全部同時に実行しましょう。

ワークシートにあるように、すべての分野をバランスよく実行することが大切です。バランスがとれないとタイヤはうまく回転しません。回転しだすと、おもしろいほどに人やチャンスが引き寄せられてくるでしょう。

レッスン「WAKU WAKUの車輪」

【目的】 自分の魂が喜ぶワクワクを全部バランスよく実行する計画をつくる。

【方法】 集中して一人でワークシートに取り組めるよう、ゆったりした時間をとる。

①テキストとワークシートを配付し、レッスンの目的を共有する。

②ワークシートに取り組む。バランスよくすべてにワクワクを書き込むことを伝える。

③書き込んだ計画を同時に実行できるように、テキストにある四つの方法を説明する。

〈参考文献〉
マイク・マクマナス『ソース』（ヒューイ陽子訳）ヴォイス、一九九九年

WAKU WAKU のトリセツ

WAKU WAKU の取り扱い説明書

ポイント《同時に実行する》 優先順位をつけず、次の方法にそって、すべてのワクワクを同時に実行しましょう。

方法１：同じ量の情熱を傾ける

同じ時間をかけるのではなく、同じ情熱をかけます。

方法２：小さな一歩を踏み出す

今すぐ実行できることは何かを考えて実行します。

方法３：方向性を決める

将来の１点に目標を設定するのではなく、方向性を決めます。

方法４：自分の直観を信じる

心の声に常に耳を傾ける習慣をつけましょう。

テキスト　WAKU WAKUの車輪

おすすめ使用方法

車輪の真ん中にワクワクの源泉を書き、車輪の７つの領域ごとに、自分のワクワクを生み出すことを考えて書き出します。

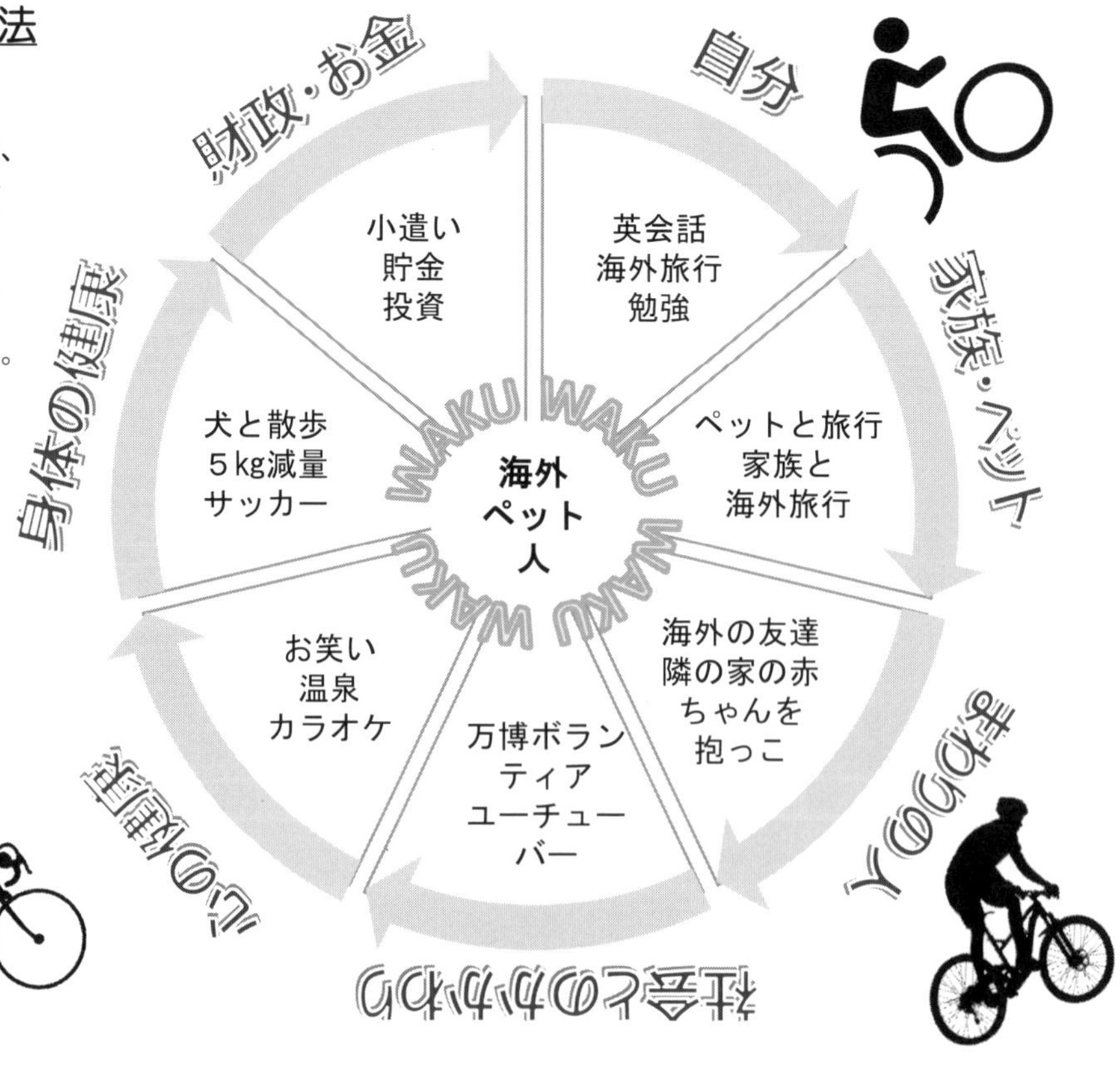

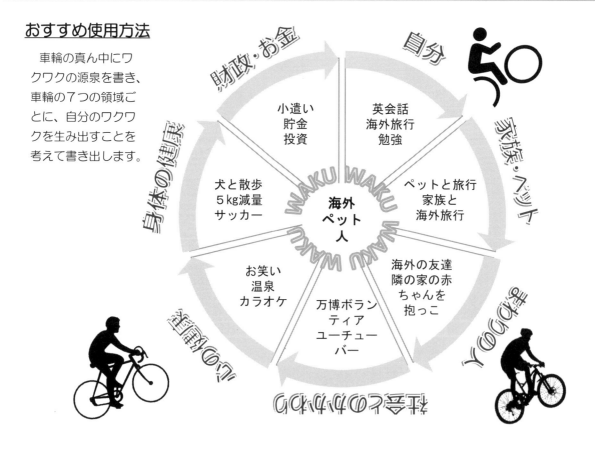

Happiness Wave

WAKU WAKU のトリセツ

車輪の中央に、あなたのワクワクの源泉を書き込み、その源泉を自転車の車輪のチェーンとして、バランスよく回転できるように、やりたいこと、ワクワクすることを7つの分野すべてに書き入れましょう。

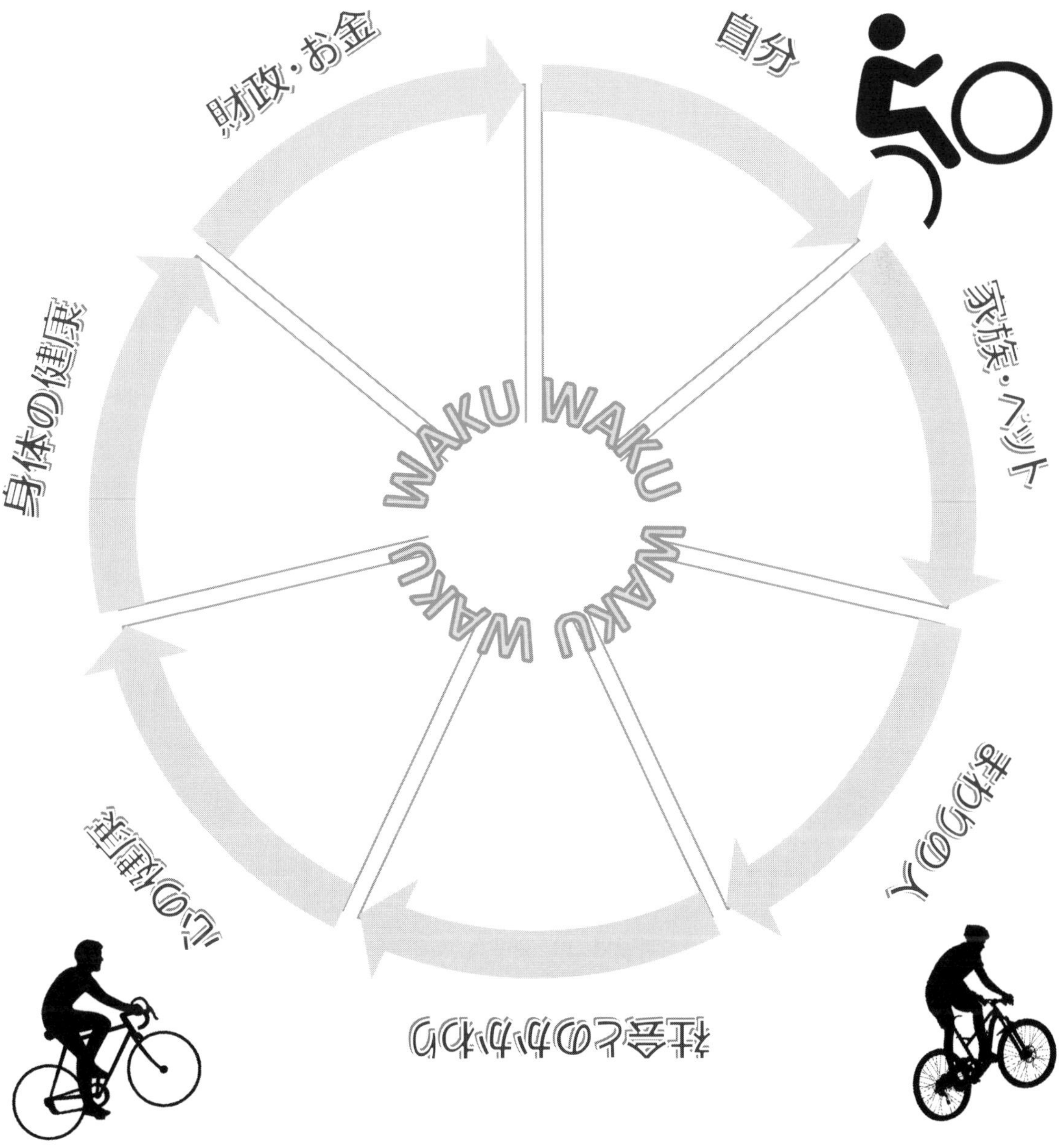

文書ファイル配布
☆詳しくは奥付を！

折れない心の処方箋 その12

ワンダフルチャイルドを知り、幼いころの自分を癒す

「平成が戦争のない時代として終わろうとしていることに、心から安堵《あんど》しています」

これは、平成天皇在位中最後の誕生日のお言葉です。戦争の傷痕に深く心を馳せる思いに感じ入りました。ロシアのウクライナ侵攻のニュースに触れながら、「戦争のない時代」の尊さをかみしめています。

思いをつなぐ

私たちは〝愛を持った思い〟の力で突き動かされます。その思いを受け取り、よりよく生きていこうとします。「WAKUWAKUの『本質』と『源泉』の発掘」、「WAKUWAKUのトリセツ」に取り組まれた方は、自分のワクワクの中に愛をもって養育してくれた家族や人の思いを見つけられたと思います。これからは、自分自身を養育する無償の愛をもつ「もう一人の親」を自分の中に育てることです。

自分の傷ついた思いを癒す

ワクワクは幼い子どもが持つ心に基づいていますが、その心が傷ついたまま大人になるとワクワクを見つけるのが難しいものです。そこで、生まれ持っている子どもの心（ワンダフルチャイルド）を知り、傷つくとどうなるかを見ていきましょう。

《生まれながらに持っている心》

1 **驚き** 子どもは五感すべてで驚きを感じます。最終的には好奇心が子どもに自己（Self）を発見させます。好奇心を満たす環境で育たないと、子どもは探索することや危険を冒すことを怖がったりします。

2 **楽天性** 子どもは恐怖や侮辱を感じると、開放的な姿勢や人を信頼する心が絶えてしまいます。それが慢性的になると、希望の感覚を失い、用心深くなり、欲求不満を満たすための細工が必要だと思うようになります。

3 **純真さ** 純真さは天真爛漫さの中核。

無邪気さを矯正しようと怒ると、子どもは混乱します。見捨てられることを恐れて泣きわめき懇願したり、偽りの純真さで小細工することを学びます。

4　依存　子どもたちは生まれながらに依存的で貪欲です。欲求をなおざりにされると孤立して引きこもるか、誰かにべったりくっついてしまうことになるでしょう。

5　情動　笑う、泣くという二つの情動は、人間の乳児に特有のもの。泣くのは恥ずかしいことだと教え込まれ、笑いや楽しむことを抑圧されると、陰気で禁欲的になり、心に損傷を受けます。

6　回復力　食べることや歩くことを学習するのを見れば、子どもは勇気ある冒険者であり素晴らしい回復力を持っていることがわかります。失敗を許されず辱めを受けると、冒険することを避け、回復する機会もなくなります。

7　自由な遊び　自由と自発性は遊びの構造を形づくり、「ごっこ遊び」は大人の生活への準備です。自由で創造的な遊びができないと、自発性を失い、生活を楽しむ力が育ちません。

8　独自性　独自性は、自分と自分の心がぴったりと一致した完全無欠な感覚です。養育者がその場その場で共感し、フィードバックをして子どもに応えてあげないと、漠然とした不安を抱えたまま大きくなっていきます。

9　愛　子どもは愛し、慈しむように生まれついています。愛する欲求は最も基本的なものですが、その前に愛されなければなりません。無条件に愛してもらえなかった子どもは、自他を愛することができず、依存的で自己中心的になり、真の自己は現れません。

レッスン「幼いころのあなたを抱きしめよう」

【目的】傷ついた幼いときの自分の心と向き合い癒す。

【方法】

①テキストとワークシートを配付し、レッスンの目的を共有する。

②テキストに沿って「ビジュアルウォーク」を行う（BGMを流したり、自分で行うときには台詞を録音するとよい）。その際、怖くなったり、不安を感じたら、無理して行わなくてもよいことを告げる。

＊「幼いころのあなた」に信頼される存在であることが求められるので、「今のあなた」が思いやりや愛を持ってふれあうことが大切。

③ワークシートにあるフィルムの中には、幼いころの自分の姿の絵を書く。そして、大きくなった現在の自分から「幼いころの自分」へのメッセージと、それを受けて、幼いころの自分から「現在の自分」へのメッセージを書き込む。

＊幼いころの自分からのメッセージは、利き手でない手で書いてみるとよい。

幼少期の話は、「私たちは愛に飢えている存在なのだ」という普遍的なことを教えてくれます。なかには、幼いころの自分から叱咤激励される人もいます。目に見えない〝愛を持った思い〟の力に圧倒されます。

〈参考文献〉ジョン・ブラッドショー（新里里春監訳）『インナーチャイルド　改訂版』NHK出版、二〇〇一年

ビジュアルウォーク（誘導瞑想）**「幼いころのあなたを抱きしめよう」**

椅子にゆったり座りましょう。鼻から大きく空気を吸い込んで、口からゆっくり吐いていきます。吐く息に嫌な気持ちを乗せて、スッキリ吐き出します。しばらく繰り返します。

＊　＊　＊

ここは草原です。お～きく、深呼吸をしてみてください。ほほをそよぐ風、あたたかな太陽、小鳥のさえずり、やさしい光があなたをつつみます。遠くのほうには海が見えて、左のほうには、なんやらかわいらしい森が見えます。あの森に向かって、歩きましょう。

かわいらしい小道が、またたくまにあなたの足元にできて、森までの道に導いてくれます。森の両側には、かわいらしい草花。あなたは足取りも軽く、さあ、森に向かって歩いてください。

てくてくてくてく歩いていくと、心も軽くなっていきます。森が近づいてきます。

さあ、どんどん歩いてください。いつしかあなたは、森の中の小道を歩いていることに気がつきます。葉のさざめき、木々のすがすがしい香り。わきを走っていく小さな動物。あなたは気持ちも軽く、楽しい気分でいっぱいになってきます。さあ、どんどん歩いて、森の奥へと入っていきましょう。

＊　＊　＊

どんどんどんどん歩いていくと、やがて目の前がパーッと開けて、森の広場に出ます。とってもかわいらしい広場です。そうです、ここは子どもの広場。小さな子どものあなたが、迎えにきてくれるのをずっと待っていました。さあ、小さなあなたを見つけてあげてください……。

どこにいるのでしょう。見つかりましたか？　もしかしたら、木の陰に隠れているのかもしれません。姿を見つけられない人は、感じてみてください。姿が見えずとも、あなたはその小さな自分がどこにいるのかを、感じ取ることができます。もしかしたら、はずかしくて出てこられないのかもしれません。あなたのほうから迎えにいってあげてください。小さなあなたがいました。

＊　＊　＊

さあ、しゃがんで、その子の顔を見てください。どんな顔をしていますか？　あなたに会えて、どんな顔をしていますか？「私は大人のあなただよ。ずっとほうっておいてごめんね」と言って、その子をギューッと、抱きしめてあげてください。ギューッと抱きしめると、その子はどんな様子ですか？　その子はあなたに会えて、どんな気持ちですか？　その子の目を見てください。その子の表情を見てください。その子の気持ちが、痛いほど伝わってきます。あなたはその子に、何て言ってあげたいですか？　一番伝えたい言葉は何ですか？　その言葉を伝えてあげてください。

今度は、その子はあなたに、何て言っているような気がしますか？　あなたに、ずっとずっと言いたかった言葉です。その言葉を受け取り、書き取ってあげてください。

＊　＊　＊

そして「あなたのことが大好きだよ」と言って、「あなたが一番欲しいものは何？」と聞いてみてください。その子の一番欲しいものは何でしょう。あなたには、その子が一番欲しがっているものが何なのかわかります。その子の一番欲しいものがわかったら、さあ、あなたのイメージの魔法を使って、その子に、その子が一番欲しがっているものを与えてあげてください。ほら、魔法がかかりますよ……。

その子は、今、その子が一番欲しかったものを受け取っています。その子はどんな様子ですか？　どんな表情をして、それを受け取っていますか？　どんな気持ちが伝わってきますか？　そしてあなたは、どんな気持ちで、それを見ていますか？

＊　＊　＊

さあ、では、その子を再び、そっと抱きしめてください。その子の今の気持ちがいっぱい伝わってきます。「大好きだよ。ずっとそばにいるからね」と言って、また、その子をやさしく胸に抱きます。その子をギューッと抱きしめると、その子もあなたをギューッと抱きしめてきます。再びギューッと抱きしめると、その子はあなたの胸の中にすっと溶けて広がりました。その子の「欲しかったものがもらえてうれしい」っていう気持ちが広がります。そして、深呼吸。その子のうれしい気持ちが、あなたの全身に広がります。

＊　＊　＊

気がつくと、あなたは子どもの広場に、１人で立っていました。暖かな日差し、なんだかうれしい、ワクワクした気分。空の上のほうから、さっきの、小さなあなたの声が聞こえてきます。「ありがとう」。なんだか、とっても、うれしい気持ちです。胸にそっと手をおいてみてください。喜びを感じます。その喜びを胸に、もと来た道を戻りましょう。

森の小道を戻ってきます。小鳥のさえずり、葉のさざめき、すがすがしい香り。どんどんどんどん戻ってくると、やがて広い草原が見えてきます。草のかおり、やさしい太陽、そしてさっきの、小さなあの子のいっぱいの笑い声。「ありがとう、会いにきてくれて。ありがとう」。

＊　＊　＊

さあ、そろそろ「今」に戻る時間がやってきました。あなたの呼吸に意識を向けてください。そして、実際の肉体に、意識を向けてください。もといた部屋を思い出してください。あなたの名前を思い出して、そして、あなたの今の年齢も思い出して、一度、身体にギュッと力を入れてみましょう。そして、ゆっくりと、準備ができたら、今ここに、戻ってきてください。

文書ファイル配布
☆詳しくは奥付を！

小さかったころの自分と出会ったとしたら、
あなたはどうするでしょうか……。
混乱し、狼狽（ろうばい）しているその子のためにしてあげる
理性的で慈悲（じひ）深いことはなんでしょうか。
あなたは座ってその子と話し、耳を傾けます。
その子を慰（なぐさ）め、あなたの腕の中に抱くでしょう。
それから、その子と少し遊んであげましょう。
思いやりをもっておとぎ話をしてあげましょう。
これこそ、最も古く、かつ本当の意味での治療なのです。
特別なことではありません。
必要なのは、思いやりと愛だけです。　（ロン・カーツ）

テキスト　癒しの力　あなたのワンダフルチャイルド

私たちは生まれながら、次のような子どもの心を持っています。英語の頭文字からとったらWONDERFULです。でも、親のしつけや文化の影響を受けて、子どもの心が傷ついた状態で大きくなっていくことがあります。驚き、依存、好奇心、楽天性は、成長し人生を開花させるのに非常に重要です。幼いころに満たされなかった気持ち、傷ついた心を思い出し、大きくなったあなたが最大の愛を持って抱きしめてあげましょう。

子どもが生まれながらに持っている心（ワンダフルチャイルド）	
1　**驚き**（Wonder）	すべてが興味にあふれ、刺激的であり、五感で驚きを感じます。それらへの好奇心によって自己を発見します。
2　**楽天性**（Optimism）	楽天性（楽観性）と信頼は他者と交流する力です。傷つくことのリスクと超えて、現実を肯定的にとらえることができるようになります。
3　**純粋さ**（Naivete）	天真爛漫さの中核が純粋さで、あらゆることが興味の対象です。素直さも生まれ、誰かの教えを受け入れる心が開きます。
4　**依存**（Dependence）	成長・成熟の過程にある幼い子どもは、自分で満たせない欲求を他者に頼ることで可能にしていきます。
5　**情動**（Emotion）	“笑い”と“涙”はコミュニケーションを発達させる源です。ユーモアを取り入れ、人生をより乗り越えやすいものにしてくれます。
6　**回復力**（Resilience）	失敗を繰り返しながらも挑戦し、柔軟性を獲得していきます。同時に、勇気も育まれていきます。
7　**自由な遊び**（Free Play）	安全と危険の境界を想像し、試しながら単なる行為の繰り返しを超えて新しい世界を創造していきます。
8　**独自性**（Uniqueness）	行動を受け止めてもらうことで、自分と自分の心がぴったりと一致した統一がとれた感覚を持ちます。自分のことをかけがえのない唯一無二の素晴らしい存在であると感じます。
9　**愛**（Love）	無条件に誰かに愛され、受容されることによって、愛することを学びます。

〈参考文献〉ジョン・ブラッドショー（新里里春監訳）『インナーチャイルド』NHK出版

Happiness Wave

《癒しのちから編》

幼いころのあなたを抱きしめよう

固くなったあなたの心を開いて、忘れていた幼いころのあなたを思い出しましょう。幼いころのあなたと、愛をこめたメッセージを送りあいましょう。幼いころのあなたから、現在のあなたに、伝えたいことがあるかもしれません。あなたには自分自身を癒す力があることに気づくでしょう。

幼いころの　　　　　　　　へ

現在の　　　　　　　　へ　（きき手と反対の手で書いてみましょう）

文書ファイル配布
☆詳しくは奥付を！

おわりに

「人はなぜ助け合うのだろうか」

「人はなぜ助け合う姿に感動し、涙するのだろうか」

私はその解を探す中で、ポジティブ心理学と出会いました。そして、今も問い続けています。

ある日、ほんの森出版の小林敏史様よりレジリエンスに関しての執筆のお声かけをいただき、『月刊学校教育相談』で「ポジティブ心理学で学校づくり――幸せづくりの処方箋・折れない心の処方箋」（二〇一七年四月号～二〇一九年三月号）を連載する機会をいただきました。本書は、その連載をベースに加筆修正したものです。

毎月毎月の原稿を執筆することで、ポジティブ心理学の視点で日々の生活を送ることになりました。そして、そのことは私の人生にとても大きな変化をもたらしてくれました。小林様に心から感謝申し上げます。

原稿では、私が何を感じ、何に意味を見出しているのかを綴っていきました。本書を手にしたあなたが「そうだよね」「なるほどね」と相槌を打ちながら私と対話し、あなたの生活を豊かにするお手伝いになればと願っています。幸福（Well-being）は日々の生活の中にあるのですから。

福井県総合教育研究所と連携し、ポジティブ教育の実践を進めています。

子どもたちに、困難を乗り越え成長するための心の使い方や考え方を学ぶ機会をつくることは、生涯にわたって幸福（Well-being）に生きるための力になります。子どもたちと先生が「答えのない問い」に楽しく向き合う姿が見られます。先生のクリエイティビティが発揮され、「授業づくりが楽しい」と言われます。

こうした内容はFacebookグループ「子どもたちにCHOOSE LOVE」で紹介しています。ぜひアクセスしてみてください。

https://www.facebook.com/groups/390834858594465

本書が、あなたの幸福（Well-being）を育むことに役立つことができれば幸いです。愛をこめて。

菱田　準子

【著者紹介】
菱田 準子（ひしだ じゅんこ）
立命館大学大学院教職研究科教授

公立中学校教諭をスタートに、教育行政や管理職を経験。学級・学年集団つくりに取り組む中でピア・サポートと出会い、大きな転機となる。ポジティブ心理学やレジリエンスがピア・サポート力を高め、学校生活の質を向上させることがわかり、「持続可能な幸福を育む学校」をテーマにプログラム開発を行い、自治体や学校と実践を進めている。

〈主な著書〉
『すぐ始められるピア・サポート指導案＆シート集』（著）ほんの森出版、2002年
『ピア・サポート実践ガイドブック　Q＆Aによるピア・サポートプログラムのすべて』（共編著）ほんの森出版、2008年

〈資格〉臨床心理士、学校心理士、ポジティブ心理学プラクショナー、レジリエンス講師、Tree of LIfe講師、ピア・サポートコーディネーター、国際メンターシップ協会チーフエクゼクティブメンター、Choose Love Japan ambassador

〈所属〉日本ピア・サポート学会常任理事、NPO法人Peer Do代表

文書ファイル配布 ☆詳しくは奥付を！

資料PDF　ダウンロード用パスワード　pe9cde

マークの付いたワークシートやテキストのPDFファイルが、ほんの森出版ホームページの本書の紹介ページからダウンロードできます。カラフルなワークシートもぜひご活用ください。

＊ワークシートやテキストのPDFファイルは、本書の購入者の実践をアシストするために配布するものです。他の目的での使用や再配布はお避けください。

ほんの森出版　検索

すぐ始められる！ ワークシートでポジティブ心理学＆レジリエンス教育
幸せづくり・折れない心 24の処方箋

2022年10月９日　第１版　発行

著　者　菱田準子
発行者　小林敏史
発行所　ほんの森出版株式会社
〒145-0062　東京都大田区北千束 3-16-11
Tel 03-5754-3346　Fax 03-5918-8146
https://www.honnomori.co.jp

印刷・製本所　研友社印刷株式会社